CHAODI LILV（FULILV）
LILUN YU
SHIJIAN YANJIU

超低利率（负利率）
理论与实践研究

李泽正　等◎著

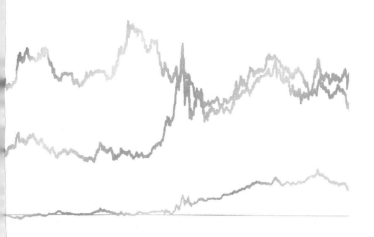

经济管理出版社

ECONOMY & MANAGEMENT PUBLISHING HOUSE

图书在版编目（CIP）数据

超低利率（负利率）理论与实践研究/李泽正等著 . —北京：经济管理出版社，2022.7
ISBN 978-7-5096-8595-2

Ⅰ.①超…　Ⅱ.①李…　Ⅲ.①利率管理—研究—中国　Ⅳ.①F832.22

中国版本图书馆 CIP 数据核字（2022）第 120222 号

组稿编辑：张馨予
责任编辑：张馨予
责任印制：黄章平
责任校对：董杉珊

出版发行：经济管理出版社
　　　　　（北京市海淀区北蜂窝 8 号中雅大厦 A 座 11 层　100038）
网　　址：www. E-mp. com. cn
电　　话：（010）51915602
印　　刷：唐山玺诚印务有限公司
经　　销：新华书店
开　　本：720mm×1000mm/16
印　　张：12.75
字　　数：200 千字
版　　次：2022 年 10 月第 1 版　　2022 年 10 月第 1 次印刷
书　　号：ISBN 978-7-5096-8595-2
定　　价：98.00 元

前　言

　　近年来，为了应对经济增速下滑，多个国家的央行选择了降息，实施货币宽松政策，日本、澳大利亚以及欧洲部分国家利率水平降到或持续保持在1%以下水平，用来刺激经济增长。同时，自2012年丹麦首推负利率政策以来，全球已有6个国家和地区的中央银行、涉及14个国家实行负利率政策并持续至今，也有几个主要发达国家长期实行低名义利率政策，而且有迹象显示，超低利率和负利率政策还在深化。如2019年8月，德国发行了长达30年的零息债券；2019年9月，丹麦丹斯克银行推出首个10年期负利率固定利率抵押贷款；自2020年以来，欧洲央行再融资利率持续保持在0；2020年3月，澳大利亚央行宣布降息，利率降至历史最低0.5%；日本则长期保持超低利率甚至是负名义利率水平。事实上，超低利率乃至负利率已经成为近年来一些发达国家经常使用的金融政策，这也是发达经济体达到一定发展阶段后不得不面临的货币政策选择。

　　对我国经济而言，经历了多年的高速增长后，正步入新的运行轨道。进入经济新常态后，我国经济增速换挡回落，从高速增长阶段转换为中高速增长阶段。在经济换挡过程中，我国货币市场环境和利率水平也随之发生明显变化，其中一个重要变化是资本市场更加开放，利率传导机制更加复杂。在发达国家利率水平普遍偏低的国际背景下，在国内经济增速换挡、资本边际收益逐步下降的宏观条件下，我国利率水平整体呈现缓慢下降趋势，未来不排除也出现超低利率的可能。一旦我国利率水平降至超低水平，宏观经济的各项指标、运行特点等都会发生巨大变化，因此有必要提前做好研究和储备，应对未来经济可能发生的情形。

本书系统梳理了利率理论和超低利率理论的发展脉络、主要观点等。在此基础上，选择欧洲、日本、美国等已经实施过或正在实施超低利率（负利率）的主要发达国家和地区，分析其实施超低利率或负利率的发展阶段、政策基调、增长动力、金融市场，以及实行超低利率（负利率）的政策目标和效果；同时，深入比较世界各国超低利率（负利率）政策的路径、制度等，为我国未来利率可能出现的情况提供参考。

本书采取理论与实践相结合、定量分析与定性分析相结合、金融与实体相结合等方式，全面阐述和分析了超低利率（负利率）发生的宏观经济背景、超低利率的运行机理以及对宏观经济的影响，最终得出了以下结论：超低利率（负利率）对传统利率理论提出了挑战，虽然长期停滞理论、现代货币理论（MMT）等对超低利率（负利率）做出了一定解释，但因论据不足、理论基础不牢或过度强调财政刺激等而引起不少争议，目前仍没有达成统一的认识。从实践上看，美国、欧洲、日本等多个国家和地区采取过超低利率甚至负利率政策，这些国家实施超低利率（负利率）的具体时间、过程不同，但政策背景和效果具有一些相同之处：一是这些国家和地区基本上都是在经济危机或金融危机等冲击下，为应对经济衰退而采取超低利率（负利率）政策。二是首次实施超低利率（负利率）的效果显著好于再次实施，且短期效果也要好于长期效果。三是在实施超低利率（负利率）的同时，大多配合实施了量化宽松、金融监管、财政支持等其他政策，而配合使用这些政策对超低利率（负利率）的政策效果具有明显促进作用。四是实施超低利率（负利率）会带来资产泡沫增加、收入分配差距加大、资金效率低下等风险。相关国家超低利率（负利率）政策效果的实证分析也支持上述结论。现阶段，我国经济发展前景良好、传统货币政策有发展空间，短期内没有必要实施超低利率，更无须实施负利率。未来，如果经济遇到重大冲击，预期经济增长在一段时期内（如超过两年）甚至出现负增长，超低利率亦可作为政策选项。

本书先后得到了多位专家的悉心指导，专家们求真务实的治学精神给我们留下了深刻印象。在此，我们对专家们的帮助与支持表示衷心的感谢！本书各章执笔人分别是：第一章李泽正，第二章杜月，第三章祁玉清，第四章应晓妮，第五章岳国强，第六章郑征，第七章邹晓梅，附录李泽正。限于研究水平和编写时间，书中错误和不足之处在所难免，恳请广大读者批评指正。

课题组

2021 年 12 月

目　　录

第一章　超低利率（负利率）
理论综述

　　利率理论是货币理论的重要组成部分，也是金融学和经济学的主要分析工具之一。利率理论包括利率本质理论、利率结构理论、利率决定理论、利率政策理论等，其中利率决定理论是整个利率理论的核心，分析的是长期的、市场出清的自然利率或均衡利率，研究对象多为实际利率；利率政策理论是利率应用研究的核心，强调的是通过制定利率政策，带来更有效率的信贷配置和金融深化，研究对象多为名义利率①。本书主要通过研究超低利率（负利率）②的理论和相关国家和地区实践，为我国未来的利率政策提供参考，主要研究对象是名义利率。

　　自 20 世纪 80 年代以来，世界主要国家利率出现长期、较大幅度下降，到 2009 年，随着瑞典和丹麦率先实施负利率，利率政策进入负利率时代，这对传统的利率理论提出了挑战，解释超低利率（负利率）的理论和假说也开始出现。

---

　　①　根据费雪效应，实际利率等于名义利率减去通胀率。
　　②　当前，学术界和金融市场上对负利率研究成果不少，但对超低利率研究不多，对超低利率界定也没有统一认识。根据本书对各国利率水平分析（包括定量分析），对 1% 及以下利率水平定义为超低利率，其中小于零的利率为负利率。

第一节　传统利率决定理论认为利率由
实物市场和货币市场共同决定

利率决定理论流派众多，主要包括古典利率理论、凯恩斯利率理论和新古典利率理论等，这些理论的主要焦点是利率决定于储蓄和投资还是利率决定于货币供求，也就是实物利率理论还是货币利率理论的区别。发展至今，一般认为利率由实物市场和货币市场共同决定。

一、古典利率理论认为利率取决于资本的供给和需求

19 世纪末至 20 世纪 30 年代，费雪和维克塞尔分别提出利率是由储蓄和投资决定的基本理论，这也是当时决定理论的主流观点。

费雪（Fisher）[①] 提出，有两种因素在市场经济中可以决定利率：一是反映个体对现有的物品或收入偏好的主观因素。费雪认为，利息产生于现在物品与将来物品交换的贴水，有人偏好现在的物品，也有人可能偏好未来物品而让渡一部分现在物品，这就需要利息作为补贴或报酬。因为现在物品的未来收入高于将来的物品。同时，也有人愿意支付利息，从而以较多的未来收入换取较少的现在收入。二是投资者按照不同的投资机会，进行收入流量最大、时间形态最好的投资安排，以使其投资的收益最高。资本的需求和投资的继续将进行到利润率与利率相等为止。资本的供给则为公众的时间偏好决定。资本供给与资本需求的相等，决定社会的利率水平。总的来说，利率决定于社会公众的时间偏好和企业家对投资机会选择的一致。

维克塞尔[②]在其累积过程学说中提出，利率区分为货币利率（市场利率）以及自然利率（实际利率），从而创造了自然利率的概念。他通过运用自然利率和

---

① 欧文·费雪：《利息理论》，上海人民出版社 1999 年版。
② 维克塞尔：《利息与价格》，哈尔滨出版社 2007 年版。

货币利率的偏离来描述累积的过程。维克塞尔认为，在完全竞争经济中，如果资本需求大于资本供给，利率就必然上升，但是这种上升不可能超过社会资本的边际报酬率。另外，如果在全社会资本需求小于资本的供给，利率就会逐步下降，一直降至接近于资本的边际报酬率为止。根据以上论述可见，自然利率是由资本的供求决定的，当资本的供求达到一致时，自然利率就应该等于资本的边际生产率。

总体来看，古典利率理论的核心是利率取决于资本的供给和需求，这两种力量的均衡决定了利率水平。资本的供给来源于储蓄，储蓄取决于时间偏好、节欲、等待等因素。利率越高，储蓄的报酬越多，储蓄量就会增加，反之就会减少，储蓄为利率的增函数。资本的需求取决于资本的边际生产力与利率的比较，投资为利率的减函数，当储蓄等于投资时即可求得社会均衡利率水平，所以利率取决于资本的供给和需求也就是储蓄和投资。当经济体系处于"充分就业"的均衡状态时，社会上便存在一个单一的利率水平，它不受任何货币数量变化的影响，而是由储蓄函数和投资函数的交点决定的，这就是均衡利率。因此，古典利率理论认为储蓄由时间偏好等实际因素决定，不受货币因素的影响。

二、凯恩斯利率理论认为利率取决于货币的供求

20 世纪 30 年代出现的大萧条，对古典经济学造成了巨大冲击，同时也颠覆了以利率自动调节为核心的古典利率理论。凯恩斯对古典利率理论进行了批判，认为储蓄取决于收入，收入又取决于投资，因此储蓄和投资是两个相互依赖的变量而非独立变量，储蓄和投资两者只要一个因素变动收入也会变动，因此古典利率理论将储蓄和投资看作两个独立因素是错误的。

凯恩斯[①]认为，货币的最大特点是使用上的灵活性，货币是流动性最强的资产。利率并不是决定于储蓄或投资，而是决定于货币的供求，是一种纯粹的货币现象。利息是个人在一定时期内放弃货币、放弃流动性便利的报酬，因此利率受到心理规律即流动性偏好"规律"的支配。在货币供应固定的时候，利率的高

---

① 凯恩斯：《就业、利息和货币通论》，中国社会科学出版社 2009 年版。

低取决于货币需求，当货币需求增大时，利率上升；反之，利率就下降。货币需求不变时，利率高低取决于货币供应量，如果货币供应量增加，利率便会下降；货币供应量减少，利率便会上升。所以，利率的高低由货币需求和货币供应共同决定。

与古典利率理论最大的不同是凯恩斯的"流动性偏好"利率理论突出货币因素，即利率水平由货币供求决定。

三、新古典利率理论同时兼顾货币市场与商品市场两者的均衡

新古典利率理论主要由萨缪尔森、索洛和托宾等提出，最主要的标志是 IS-LM 模型①。IS-LM 模型认为，在总体上利率是由储蓄、投资、货币需求、货币供应等因素的交互作用，并在国民收入的配合下决定的。IS 曲线表示使商品市场的供求相均衡的利率与收入的组合，LM 曲线则表示货币市场的供求相均衡的利率与收入的组合。IS 曲线与 LM 曲线的交点即同时使商品市场与货币市场相均衡的利率和收入的组合，在均衡利率和均衡收入的支配下，整个国民经济达到了均衡。凯恩斯利率理论是采用局部均衡的分析方法探讨利率决定问题，但事实上他们研究的是货币市场均衡状态下的货币利率决定和商品市场均衡状态下的实物利率决定，而并没有研究商品市场与货币市场同时实现均衡时利率的决定，因此这两种理论都具有片面性。新古典利率理论克服了这两种理论的缺陷，同时兼顾货币市场与商品市场两者的均衡，因而成为当前主流利率理论。

此外，马克思主义对利息和利率也提出了生产力利息论，即利率由利润率决定。马克思生产利息论认为利息是贷出资本家从借入资本的资本家那里分割来的一部分剩余价值，利息率取决于平均利润率。

无论是西方经济学的利率理论，还是马克思主义利率理论，都是建立在利息是一种"补贴""报酬"或"剩余价值"的基础上，是人们对当期放弃的商品、资本或流动性获得的补偿。因此，按照传统利率决定理论，利息具有正向经济价值。

---

① 陈永新：《IS-LM 模型的扩展及应用》，《统计与决策》2005 年第 7 期。

第二节　金融抑制理论和金融约束理论为调整和管制利率提供了理论支撑

20 世纪 70 年代，罗纳德·麦金农[①]等注意到发展中国家和地区的实际经济情况与传统的凯恩斯理论关于金融市场是完善的假设前提不相符。由于发展中国家"金融抑制"的存在，借贷市场被分割，整个国家缺乏主导利率，金融市场不完善，缺乏足够的资本用于投资，基于此，他们创立了金融抑制理论。该理论把实际货币余额和物质资本的关系视作是互补的，即实际货币余额的增加将导致投资和总产出的增加。由于对利率的抑制必然导致货币需求多于货币供给，市场无法实现对资本的有效配置，资本不一定会配置给对它使用效率最高的企业。对于很多生产者来说，很难得到银行信贷，只好求助于非正式或场外市场，这样非正式的信贷市场就会产生。资本的不足与低效配置是发展中国家面对的一个主要问题，因此只需要改革金融市场，通过提高利率等方式就可以改善发展中国家的经济效率，促进经济发展。金融抑制理论对发展中国家存在的情况做出了切实而合理的解释，但提出的建议却并不符合很多发展中国家的现实，甚至由此制定的政策给一些国家带来了严重的问题。

以赫尔曼、穆尔多克和斯蒂格利茨[②]为代表的经济学家在 20 世纪 90 年代末针对发展中国家的国情提出了金融约束论。金融约束论是一种金融深化理论，是试图总结东亚经济，特别是依据"二战"后日本经济迅速发展的经验而提出的新的理论。对经济落后、金融深化程度低的国家政府适度干预金融业的行为做出了正面的肯定。这种理论认为，在一定条件下，政府如果实施限制存贷款利率、控制银行业进入等一整套的约束性金融政策，就可以带来比自由放任政策和金融压抑政策下更有效率的信贷配置和金融深化。由于政府规定的存款利率小于均衡利率，银行

[①]　罗纳德·麦金农：《经济发展中的货币与资本》，上海人民出版社 1997 年出版。

[②]　托马斯·赫尔曼、凯文·穆尔多克、约瑟夫·斯蒂格利茨：《金融约束：一个新的分析框架》，《经济导刊》1997 年第 5 期。

只能吸收到较少量的可贷资金，并按规定的利率贷出，从中获取租金。在限制新银行进入与现有银行竞争的条件下，租金效应使各银行都有动力和实力扩大营业网点，并且积极监督贷款使用情况，提高金融服务效率，从而使居民储蓄更多地转化为银行业存款，最终使每一个贷款需求利率水平下的市场总可贷资金均有所增加。

虽然金融抑制理论和金融约束利率都赞成利率调节（或管制），但金融抑制和约束不是自由放任和政府管制之间的静态政策权衡，而应该是一种动态的政策制度，应随着经济的发展和金融深化的逐步加深而进行调整。例如，对于金融深化程度较低的国家来说，金融抑制和约束可能包括存贷款利率的控制、市场准入限制等，但随着经济的发展和金融深化程度的加深，政府应逐步减少干预，使经济和金融向进一步自由化的方向迈进。

第三节　利率传导机制为制定利率政策提供了实践依据

利率政策是一国政府通过利率这一政策工具并达到一系列经济目标的综合过程。在这个过程中，货币政策包含了很多内容，其中最主要的是利率工具和利率政策目标，而连接利率工具和利率政策目标的是利率政策传导机制。利率政策传导机制就是指一国政府通过调整利率工具，影响微观经济主体经济行为，最终影响经济产出和通货膨胀等宏观经济变量，而微观经济主体和宏观经济变量的变化又反过来影响利率政策的调整，从而实现利率政策与经济变量之间双向动态互动的、作用与反作用并存的全过程。

利率传导机制是货币政策传导机制最重要和最主要的内容，也是信贷传导机制、货币传导机制、汇率传导机制和资产价格传导机制的理论基础和出发点。从货币政策实践来看，随着金融创新的发展，货币供给量越来越难以准确度量，从利率角度分析货币政策传导机制更加符合现实发展需要。

利率传导机制可以分为四个渠道：资产渠道、信贷渠道、投资消费渠道和汇率渠道。以宽松的货币政策为例，资产渠道的传导机制是：政策利率下调，以利率为定价基础的资产价格上升，带动投资行为增加，居民财富预期增加，并增加消费。信贷渠道的传导机制是：①政策利率下调，市场利率下降，以利率为定价基础的资产价格上升，资产价值上升，信贷风险降低，银行信贷意愿增加；②政策利率下调，货币供应量增加，信贷资金增加，企业获得贷款额度增加。投资消费渠道的传导机制是：①政策利率下调，市场利率下降，居民储蓄利息降低，储蓄意愿下降，消费意愿增加；②政策利率下调，市场利率下降，企业借款成本下降，投资行为增加。汇率渠道的利率传导机制是：政策利率下调，市场利率下降，资本流出，货币贬值，汇率下降，出口商品价格下降，净出口增加。这四个传导机制综合起来导致的结果是投资增加、消费增加、净出口增加，并最终推动经济增长。利率传导机制具体如图 1-1 所示。

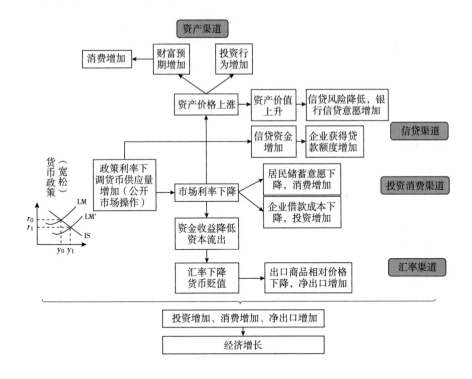

图 1-1 利率传导机制①

资料来源：课题组整理。

———————————

① 本图中的利率均为名义利率。

第四节　超低利率（负利率）现象对主流利率理论提出了挑战

按照传统的利率理论，利息是一种"补贴""报酬"或"剩余价值"，具有正向的经济价值，因此理论上不可能出现零利率或负利率。但是，自 2008 年金融危机发生以来，多个国家采取了零利率甚至是负利率，这超出了传统利率理论的解释范畴。针对越来越多的超低利率（负利率）现象，经济学家再次提出一些理论假说，比如长期停滞理论、全球储蓄过剩假说、流动性陷阱、安全资产短缺、现代货币理论（MMT）等，其中影响最广（争议最大）的两个理论是长期停滞理论和现代货币理论。

一、长期停滞假说提出经济均衡实际利率可能为负

长期停滞理论最早在"大萧条"期间，由美国经济学家汉森提出，他认为"长期停滞"是一种长期的历史性趋势，背后的机制主要是人口增速放缓引起投资下滑。然而，"二战"后的"婴儿潮"使汉森所预期的人口增速放缓并未发生。"二战"后投资、消费需求反弹强劲，全球资本主义国家的经济增长在 20 世纪五六十年代迎来了一段"黄金年代"，因此汉森当时的假设、结论都没有得到历史的支持，"长期停滞"假说也随之归为沉寂。

2008 年的金融危机之后，全球经济陷入了漫长的衰退期。2013 年，美国前财政部长、哈佛大学教授萨默斯重提长期停滞理论[1]。萨默斯在长期停滞理论中提出危机前后的两组事实：一是 2008 年危机之前，即便是泡沫已经很严重的时候，也没有观察到总需求过剩、通胀走高或失业率走低；二是危机之后尽管措施频出，但四年时间过去了，经济增速仍不见起色。如何同时解释这两个现

---

① 邹静娴、申广军：《金融危机后"长期停滞"假说的提出与争论》，《国际经济评论》2019 年第 4 期。

象，萨默斯提出了一个假说：在危机之前，与充分就业相对应的实际利率就已经为负了。

萨默斯长期停滞理论核心观点是"与充分就业相对应的实际利率"，即均衡实际利率或自然利率为负，而且强调均衡实际利率为负在金融危机之前就已经发生。长期停滞理论认为人口老龄化、贫富分化加剧和技术升级不顺导致总需求不足，消费和投资低迷，进而导致低增长和利率不断降低。对此，萨默斯等主张采取积极的财政政策以刺激投资和出口，包括加强基础设施建设、改革税收制度、减少外贸管制等。在长期停滞理论中，均衡实际利率为负是核心，总需求不足是症结，财政刺激政策是药方。

二、现代货币理论主张利率设定为零，通过货币超发方式满足财政支出需要

现代货币理论（Modern Monetary Theory，MMT）诞生于 20 世纪 90 年代，是建立在多项理论基础上的一个全新的研究视角，它更新和融合了诸多非主流的观点，重点在于讨论财政政策与央行的货币政策如何协调运作。

现代货币理论对货币政策和财政政策得出了一些有别于主流货币理论的观点。主流的货币理论认为，货币的诞生与其交易媒介的功能有关，最初是作为支付手段，为交易便利而诞生。MMT 则是从国家货币理论出发，认为货币是起源于债权债务关系，其诞生与承担记账的职能有关。出于对货币的不同理解，现代货币理论提出了新的观点和主张。主要包括以下几个方面：

一是政府用创造货币的方式进行支出，财政支出先于收入。按照现代货币理论，尽管目前由央行控制货币的规模，但是政府通过支出和借出的方式让货币在市场中流通，并通过税收等方式收回货币，完成货币创造和回收的闭环。在这过程中，先由财政支出创造货币，再由税收回收货币。现代货币理论认为，主权政府总是在用创造货币的方式进行支出，而政府的收入意味着货币的销毁，实际上是"税收驱动货币"，税收的目的不是获得政府收入，而是为了推动货币流动，居民用主权货币缴税，就能稳固主权货币的地位。这个观点的结论是政府的开支并不受该国税收收入的限制，即财政开支并无约束，主权政府借入本币债务也不会引发破产。

二是政府债券的发行不是为了借入资金，而是与货币政策操作类似，可以帮助央行维持市场利率。按照该理论，财政政策显著地影响着银行的超额准备金。政府发行债券、商业银行购买国债，会导致商业银行超额准备金减少，使市场利率趋于上行，而央行在市场上买国债，投放基础货币，减轻利率上行压力。

　　三是政府部门的财政赤字等于非政府部门的盈余。由于支出先于收入，而发行债务的目的不是弥补财政缺口，因此财政平衡也就没有实际意义。现代货币理论引入了三部门均衡来理解赤字的含义。在三部门均衡的框架下，一个部门的资产等于其他部门的负债。如果将国内部门分为政府和非政府，外债规模不变化的情况下，政府的债务实际上就是非政府部门的金融资产，政府部门的财政赤字等于非政府部门的盈余。

　　现代货币理论主张财政政策的目标不是平衡，而是实现充分就业。现代货币理论的支持者主张"功能财政"，财政政策的目标是实现充分就业。政府可以通过货币超发的方式满足财政支出需要，并将利率设定为零甚至是负，这一主张迎合了部分国家政客需要，为豁免债务利息、实施非常规货币政策提供依据，客观上导致超低利率甚至是负利率。

　　长期停滞理论、现代货币理论都对超低利率（负利率）提出了解释，但是目前仍然争议很大。特别是按照现代货币理论，中央银行实施的货币政策不能刺激经济，财政政策则是关键，这可能导致长期的公共部门支出大幅提升，进而可能成为通胀上升的根源，并在经济效率上得不到保证。

　　总的来说，越来越多超低利率（负利率）现象超出了传统利率理论的解释范畴。一些新的利率理论虽然能够在一定程度上解释超低利率（负利率）现象，但大多依据不充分或理论基础不牢固。现代货币理论提出的解释相对新颖并迎合了很多国家政府需要，但其过于强调财政政策效果的观点也引起了很多争议。表1-1显示了主要利率理论的观点及对超低利率（负利率）的解释。

表 1-1 主要利率理论的观点及对超低利率（负利率）的解释

理论名称	主要观点	对超低利率（负利率）的解释
马克思主义利率理论	1. 利息是贷出资本家从借入资本的资本家那里分割来的部分剩余价值 2. 利息率取决于平均利润率	利息是在一种"补贴""报酬"或"剩余价值"的基础上，是人们对当期放弃的商品、资本或流动性获得的补偿，具有正向经济价值。因此，理论上利率不能为负，不存在零利率或负利率
古典利率理论	1. 利率取决于资本的供给和需求 2. 利息产生于现在物品（或资本）与未来物品（或资本）交换的贴水。让渡现在物品（或资本）需要利息作为补贴	
凯恩斯利率理论	1. 利率水平由货币供求决定 2. 利息是一定时期内放弃货币、放弃流动性便利的报酬	
新古典利率理论	1. 利率由储蓄、投资、货币需求、货币供应等因素的交互作用，并在国民收入的配合下决定 2. 兼顾货币市场与商品市场两者的均衡	
金融抑制理论	由于发展中国家"金融抑制"的存在，借贷市场被分割，国家缺乏主导利率，金融市场不完善，缺乏足够的资本用于投资	政府可以通过调节利率水平（比如实施超低利率）来影响经济，但是没有涉及负利率
金融约束理论	政府如果实施限制存贷款利率、控制银行业进入等一整套的约束性金融政策，就可以带来比自由放任政策和金融压抑政策下更有效率的信贷配置和金融深化	
利率政策传导机制	通过调整利率工具，影响微观经济主体经济行为，最终影响经济产出和通货膨胀等宏观经济变量	一般实践中利率对经济增长有效果
长期停滞理论	1. 与充分就业相对应的实际利率，即均衡实际利率或自然利率为负 2. 人口老龄化、贫富分化加剧和技术升级不顺等导致总需求不足，消费和投资低迷，进而导致低增长和利率不断降低 3. 主张采取积极的财政政策以刺激投资和出口	均衡利率或自然利率为负，因此名义利率长期不断下降，直至超低利率甚至负利率
现代货币理论	1. 货币起源于债权债务关系，其诞生与承担记账职能有关 2. 政府可以通过货币超发的方式满足财政支出需要，并将利率设定为零甚至是负	政府可按照财政政策需要，将利率设置为零或负值

资料来源：课题组整理。

近年来，全球范围内出现的"三低"（低利率、低增长、低膨胀）现象引发了各界关注，一些专家和学者也从"三低"角度探讨对低利率和超低利率（负利率）背后深层次的原因，认为三者之间存在一定的因果和互相强化的关系，并提出了代表性观点：一是全球化推动货物、服务、资本、劳动力的跨境流动，改善了产品和要素的供给，使需求上升对价格的拉动作用下降，在一定程度上抑制了价格的上涨。同时，发达国家的收入分配及财富占有的差距不断扩大，造成众多经济体企业和消费者信心走弱，投资萎靡不振，制造业产出下滑，全球价值链遭受冲击，拖累全球经济增长，也降低了自然利率水平。二是技术的进步和传播使单位生产成本不断减小，推动产品和服务价格下降，从而抑制了通胀。这在技术密集型产业中十分显著。三是人口老龄化降低了消费和投资，从而造成总需求不足，给通胀带来下行压力，也导致增长放缓，利率水平不断下行。四是金融危机后许多经济体需求长期不振，为应对危机负面影响，央行普遍大幅度降息，通过"扩表"压低长期利率。同时，在先前的金融周期中，央行往往采取非对称做法，即在金融周期下行时降息刺激，但在金融周期上行时又不肯加息，久而久之，利率越来越低。

参考文献

［1］巴曙松：《各国负利率政策影响几何》，《经济参考报》2016 年 8 月24 日。

［2］陈炳才：《低（负）利率政策的趋势与影响》，《武汉金融》2020 年第1 期。

［3］陈利锋、钟玉婷：《支持增长型货币政策的宏观经济效应：基于超低利率环境的视角》，《江汉学术》2019 年第 6 期。

［4］陈永新：《IS-LM 模型的扩展及应用》，《统计与决策》2005 年第 7 期。

［5］陈之荣：《金融危机下的人民币外升内贬及负利率问题研究——兼论内外均衡的宏观调控政策》，《金融经济》2009 年第 6 期。

［6］韩汉君：《经济发展中的利率》，上海社会科学院出版社 2004 年版。

［7］黄金老：《实行贷款限额控制的必然性及其优化措施》，《金融发展评论》2010 年第 1 期。

［8］黄金老：《提高利率是一种柔性的市场化调控手段》，《金融研究》2004 年第 10 期。

［9］杰格迪什·汉达：《货币经济学》，中国人民大学出版社 2005 年版。

［10］李若愚：《中国低利率状况亟需改变》，《发展研究》2011 年第 9 期。

［11］李迅雷、梁中华：《中国经济高增长、低利率之谜》，《金融经济》2020 年第 2 期。

［12］刘迎秋、韩强、郭宏宇、吕凤勇：《利率、债务率、汇率与经济增长》，中国社会科学出版社 2010 年版。

［13］罗纳德·麦金农：《经济发展中的货币与资本》，上海三联书店 1997 年版。

［14］欧文·费雪：《利息理论》，上海人民出版社 1999 年版。

［15］邵伏军：《利率市场化改革中的风险及控制》，中国金融出版社 2005 年版。

［16］施兵超：《利率理论与利率政策》，中国金融出版社 2003 年版。

［17］托马斯·赫尔曼、凯文·穆尔多克、约瑟夫·斯蒂格利茨：《金融约束：一个新的分析框架》，《经济导刊》1997 年第 5 期。

［18］王文平：《经济发展中的利率政策》，中国经济出版社 2005 年版。

［19］维克塞尔：《利息与价格》，哈尔滨出版社 2007 年版。

［20］吴晓灵：《对负利率的理解及对策》，中国经济出版社 2011 年版。

［21］杨北京、张英男：《负利率政策研究及其对我国货币政策操作的启示》，《现代管理科学》2018 年第 10 期。

［22］易纲：《中国金融改革思考录》，商务印书馆 2009 年版。

［23］易宪容、袁秀明：《持续低利率政策对我国经济成长的负效应》，《中国经济时报》2007 年 1 月 29 日。

［24］约翰·梅纳德·凯恩斯：《就业、利息和货币通论》，商务印书馆 2005 年版。

［25］约翰·史密森：《货币经济学前沿：论争与反思》，上海财经大学出版社 2004 年版。

［26］张成思：《通货膨胀动态机制与货币政策现实选择》，中国人民大学出版社 2009 年版。

［27］中国人民银行营业管理部课题组：《利率规则在我国货币政策调控中的应用研究》，经济科学出版社 2010 年版。

［28］诸建芳：《转型之惑》，中国经济出版社 2010 年版。

［29］Bernanke Ben, *The Global Saving Glut and the U. S. Current Account Deficit*, Sandridge Lecture: Virginia Association of Economics, Richmond, 2005.

［30］Casey B. Mulligan, Xavier Sela-i-Martin, "Extensive Margins and the Demand for Money at Low Interest Rates", *Journal of Dolitical Economy*, Vol. 108, Issue 5, 2000.

［31］Engel Charles, John H. Rogers, "The U. S. Current Account Deficit and the Expected Share of World Output", *Journal of Monetary Economics*, Vol. 53, Issue 5, 2006, pp. 1063-1093.

［32］Jeffery D. Amato, Thomas Laubach, "The Value of Interest Rate Smoothing: How the Private Sector Helps the Federal Reserve", *Economic Review*, Vol. 84, 1999, pp. 47-64.

［33］Maxwell J. Fry, "Money, Interest, Inflation and Growth in Turkey", *Journal of Monetary Economics*, Vol. 6, Issue4, 1980, pp. 535-545.

［34］Sachs J. , *The Price of Civilization: Reawakening American Virtue and Prosperity*, New York: Random House, 2001.

第二章 欧洲的负利率政策：背景、特征与影响

截至目前，除日本外，全球实施负利率政策的经济体都位于欧洲，包括欧元区、丹麦、瑞典、瑞士、挪威、匈牙利等经济体。作为一种非常规的扩张性货币政策，负利率政策突破了零利率下限，对国际金融市场和全球经济模式产生了深刻影响。自新冠肺炎疫情暴发以来，各国面临经济衰退和失业率陡增的压力，纷纷调低利率以刺激经济发展，全球或进入超低利率或负利率时代。在此背景下，欧洲已实行的负利率政策对我国有重要参考意义。

第一节 负利率政策实施的背景

经历了金融危机、债务危机的接连打击，欧洲各国自 2012 年起开始出现衰退迹象，实体经济复苏乏力，失业率节节攀升，消费和投资需求萎靡，汇率升值导致出口情况雪上加霜。同时，欧洲出台的"量化宽松"政策效果不及预期，利率已降至最低水平，货币政策陷入"流动性陷阱"，收效甚微。

一、经济复苏乏力，深陷通缩泥沼

欧债危机后，欧洲经济出现明显衰退征兆，具体表现在：一是通缩迹象明

显。欧洲货币政策的主要目标维持2%的通胀水平，但欧元区物价水平由2013年1月的2%持续下降至2014年5月的0.5%，出现了通货紧缩的迹象（见图2-1）。瑞典的CPI同比增速自2012年起始终在1%以下，瑞士的CPI同比增速在2011年10月起就降至0%以下，截止到实施负利率政策前只有个别月份实现正增长。二是失业率居高不下。金融危机后，除瑞士外，各经济体的失业率长居高位，并整体呈上升趋势。在实施负利率政策的前12个月，丹麦、欧元区、瑞典和瑞士实行负利率时的平均失业率分别为7.88%、11.92%、7.99%和3.18%（见图2-2）。三是经济增速持续下滑。2010年12月起，各经济体经济增速迅速下降。实施负利率政策前4个季度，丹麦、欧元区、瑞典和瑞士的季度GDP平均值为0.15%、0.48%、2.08%和2.45%，增长普遍较慢（见图2-3）。

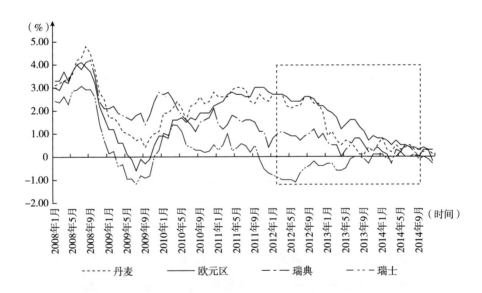

图2-1　2008年1月至2014年9月各经济体的物价同比增速①

资料来源：Wind。

---

①　本章主要研究丹麦、欧元区、瑞典和瑞士四个典型经济体的负利率问题，"各经济体"指代这四个经济体，不涉及匈牙利、挪威等国，下同。

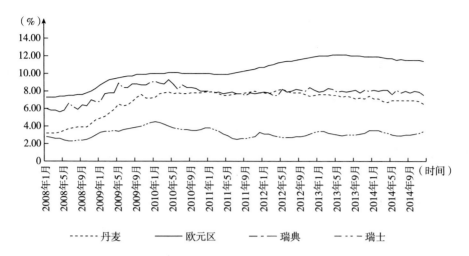

图 2-2 2008 年 1 月至 2014 年 9 月各经济体的失业率

资料来源：Wind。

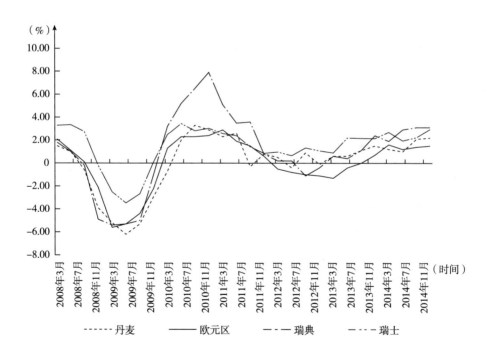

图 2-3 2008 年第一季度至 2014 年第四季度各经济体的 GDP 增速

资料来源：Wind。

二、本币持续升值，威胁出口与稳定

金融危机后，在全球流动性持续宽松的背景下，各经济体普遍面临升值压力。一方面，欧元对美元汇率持续攀升。其中，欧元对美元月均汇率由 2012 年 7 月的 1.228 上升到 2014 年 4 月的 1.385，升值幅度达 12.8%，进出口贸易情况持续恶化（见图 2-4）。另一方面，丹麦、瑞典、瑞士等小型开放经济体面临避险资本涌入、对欧元升值的持续压力。受欧债危机和欧元区的低利率政策和负利率预期影响，大量资本涌入信用评级较高的丹麦、瑞士、瑞典等，这些国家本币不同程度地对欧元升值。其中，欧元对丹麦克朗汇率自 2011 年 6 月的 7.458 下降至 2012 年 6 月的 7.432，创丹麦克朗自 2008 年 1 月以来升值最快、幅度最大的纪录①。瑞典克朗尽管在负利率实行（2014 年 7 月）前已有贬值趋势，但 2014 年 6 月与 2010 年 1 月相比，已升值 21.2%。瑞士法郎由于曾设立与欧元挂钩的汇率上限，自 2012 年起至实施负利率政策时对欧元币值始终较为稳定，但升值压力已不断积累。在实施负利率政策的第二个月（2015 年 1 月），瑞士央行不得已宣布瑞士法郎与欧元"脱钩"，一次性升值 9.48%，打破了三年以来挂钩的固定汇率纪录。

三、量化宽松和超低利率政策失效，资金难入实体

受金融危机和债务危机的双重打击，欧洲央行已尝试多种货币政策工具来刺激经济增长。数量型政策工具方面，欧洲已多次采取非常规货币政策释放流动性。2010 年 5 月至 2012 年 8 月，欧洲央行实施证券购买计划（SMP），大量持有欧元债券。2012 年，欧洲央行连续推出长期再融资计划（LTRO）和直接货币交易（OMT），继续通过释放大量流动性进入市场来刺激经济复苏。然而，因实体经济不景气，投资回报率较低，银行惜贷，释放的流动性大部分未进入实体，又沉淀为巨大的超额准备金。以欧元区为例，欧洲央行在 2015 年 3 月至 2016 年 7 月增持欧元区证券 1.15 万亿欧元，但欧洲央行合并报表负债项同时增加了欧元区信贷机构存款 8859 亿欧元，说明释放的流动性大部分转化为机构存款。欧元区

---

① 丹麦实行盯住欧元的固定汇率制，每 100 欧元固定中枢为 746.038 克朗，浮动区间为 2.25%。由于欧元区货币政策有长期通胀目标，丹麦通过稳定汇率的方式间接维持长期通胀水平。

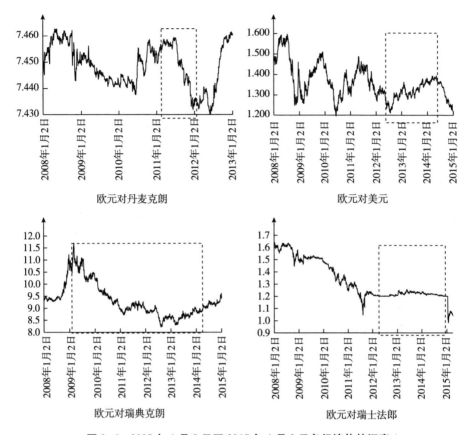

欧元对丹麦克朗

欧元对美元

欧元对瑞典克朗

欧元对瑞士法郎

图2-4 2008年1月2日至2015年1月2日各经济体的汇率

资料来源：Wind。

银行部门信贷月度同比增速于2013年1月起下降为负值，2014年1~5月信贷平均增速为-1.06%，实体经济融资规模持续萎缩。

在价格型政策工具方面，各经济体的利率水平已降至低位，传统意义上的降息空间已不存在。自2011年起，各经济体的基准利率不断下调（见图2-5），丹麦、欧洲央行和瑞典的基准政策利率分别由高点的1.25%、1.5%、1.75%下降至实施负利率政策前的0.25%、0.25%和0.75%（见表2-1）。在实施负利率政策前，丹麦的关键政策利率水平为0.3%，欧元区、瑞典和瑞士的利率水平已降至为0[1]。

---

[1] 欧洲各央行的政策利率通常指一个利率体系，包含多个利率。其中基准政策利率为参照值，关键政策利率指政策利率的下限，一般为政策利率体系中的最低值。

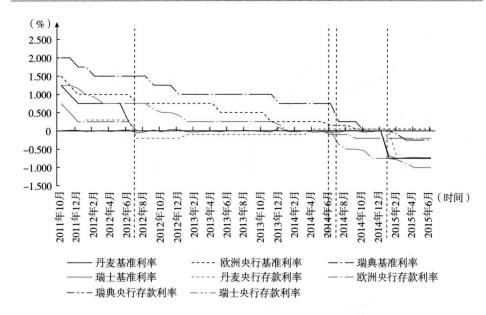

图 2-5 2011 年 10 月至 2015 年 6 月各经济体的政策利率

资料来源：CEIC 数据库。

表 2-1 各经济体实施负利率政策前后的基准利率和关键利率

经济体	基准政策利率值		关键政策利率（政策利率下限）	
	负利率政策前	负利率政策后	负利率政策前	负利率政策后
丹麦	0.25	0.00	0.30	−0.20
欧元区	0.25	0.25	0.00	−0.10
瑞典	0.75	0.25	0.00	−0.37
瑞士	−0.037	−0.035	0.00	−0.75

资料来源：CEIC 数据库。

综上，当经济遭遇低增长、低通胀、高失业的危机，而传统价格型货币政策工具失效、数量型货币政策工具不灵，货币政策深陷"流动性陷阱"时，欧洲选择了突破零利率下限，旨在通过进一步降低市场利率水平以刺激经济增长并实现货币政策目标。

第二节　负利率政策的实践与特征

一、核心政策目标是缓解通缩与维持汇率

在理论上，利率调整可实现多重目标（见图2-6）。利率下降后，居民储蓄意愿变弱，可能选择增加消费；企业贷款成本降低，可能选择增加投资；本币贬值导致出口价格相对更低，净出口增加。这将最终带来GDP的增长和物价水平的回升。

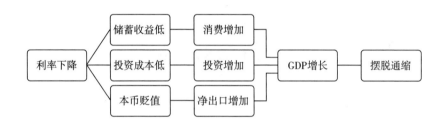

图2-6　利率政策可实现的目标

在实践中，各经济体货币政策的核心目标有所差别，具体可分为两类：一类以欧元区和瑞典为代表，实施负利率政策主要目标是推动实体经济复苏，避免通货紧缩。受欧债危机的影响，欧元区和瑞典通缩压力增大、失业率较高、增长缓慢，从而推行负利率政策。另一类以丹麦和瑞士为代表，实施负利率政策的主要目标是维持汇率币值稳定，避免国际资本冲击。在金融危机和欧债危机后，信用等级较高的丹麦和瑞士成为避险资金的避难所，本国货币承受了巨大升值压力，需要通过负利率来稳定汇率，防止热钱涌入。

二、实践历程

瑞典最早试行负利率政策（见图2-7）。2009年7月，为应对金融危机冲击，

瑞典央行首先宣布将隔夜存款利率降至-0.25%（见图 2-8），开始实施负利率政策。在维持 15 个月后，瑞典央行的隔夜存款利率于 2010 年 10 月转正。

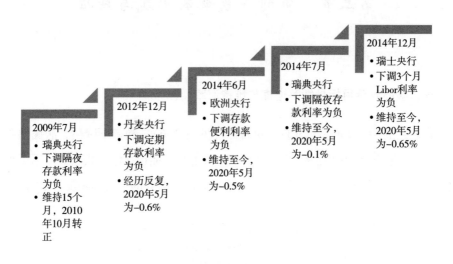

图 2-7　欧洲负利率政策的实践历程

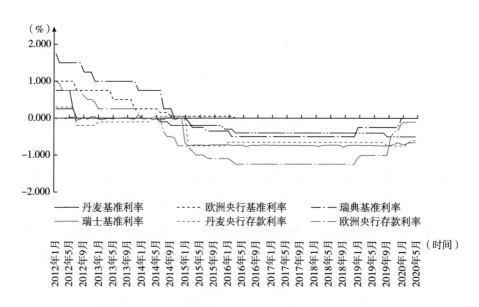

图 2-8　2012 年 1 月至 2020 年 5 月各经济体的政策利率情况

资料来源：CEIC 数据库。

丹麦政策利率经历反复（见图 2-8）。2012 年 7 月，丹麦央行开始实施负利率政策，将金融机构在央行的定期存款利率下调至-0.2%，但基准政策利率始终维持在 0 水平。其后，为维持汇率稳定，丹麦央行在 2013 年 1 月和 2014 年分别将定期存款利率上调至-0.1%和 0.05%，但自 2014 年 9 月起又将利率降至负值，2015 年 1 月至 2020 年 5 月在-0.75%~-0.6%。

欧元区政策利率持续下降（见图 2-8）。2014 年 6 月 5 日，欧洲央行宣布，将货币政策工具"利率走廊"的下限隔夜存款利率下调至-0.1%，同时将基准利率（主要再融资利率）和"利率走廊"上限隔夜贷款利率分别下调至 0.15%和 0.4%。同时，除负利率政策外，欧洲央行还宣布了"一揽子"宽松政策，包括引入定向长期再融资操作（TLTRO）、筹备资产抵押证券（ABS）购买计划、延长固定利率全额配给主要在融资操作（MRO）至 2016 年底、暂停证券市场计划（SMP）购债冲销操作等措施。2016 年 3 月，欧洲央行将主要再融资利率下调至 0.0%，隔夜贷款利率下调至 0.25%，隔夜存款利率下调至-0.4%。2019 年 9 月起，欧洲中央银行决定将欧元区隔夜存款利率下调 10 个基点至-0.50%。

瑞典政策利率呈"V"字形（见图 2-8）。2014 年 7 月，瑞典重启负利率政策，将隔夜存款利率下降为负值。2015 年 2 月，瑞典央行将基准利率下降为-0.1%，并经过多次调整，最低值达-0.5%。但自 2020 年 1 月起，瑞典的政策利率有所回升，央行将基准利率调至 0%，隔夜存款利率在 2020 年 5 月为-0.1%。

瑞士是唯一基准利率也为负的国家（见图 2-8）。2014 年 12 月，瑞士央行宣布将银行在央行活期存款账户超出限额的部分征收-0.25%的负利率，并将基准利率（3 个月瑞士法郎 Libor 利率）的目标区间上下限分别下调至-0.25%和-0.75%。2015 年 1 月，迫于汇率升值压力，瑞士宣布放弃欧元对瑞士法郎的最低 1.20 汇率目标，并将活期存款超出限额部分的利率再次下调至-0.75%，利率走廊调整至-1.25%到-0.25%。之后，瑞士基准利率（隔夜平均利率）在-0.7%左右波动，2020 年 5 月为-0.65%。

三、欧洲负利率政策的主要特征

综上，尽管四个央行的货币政策工具不完全相同，但负利率政策的内在逻辑较为一致，都是希望通过对银行间市场的利率调控，引导市场长期利率下降，再达到刺激实体经济或维持汇率的目标。总体来看，欧洲的负利率政策有以下特征：

第一，名义利率为负，实际利率不一定为负。根据费雪方程式，实际利率＝名义利率－通货膨胀率。当通货膨胀率大于名义利率，实际利率则为负，这种情况在全球各国经济实践中并不罕见。欧洲的负利率政策指将政策利率调整为负，指名义利率。在负利率政策下，若经济中的通货紧缩率高于负的利率水平，实际利率仍为正值，扣除通缩效果后仍存在正的存款收益。例如，自瑞士实施负利率政策以来，在 2015 年 2 月至 2016 年 2 月、2020 年 4~5 月均出现央行存款利率高于物价指数的情况，此时瑞士的实际利率仍为正（见图 2-9）。

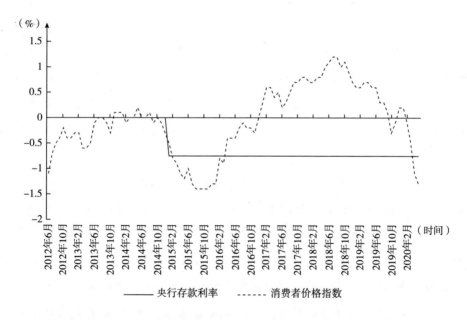

图 2-9 2012 年 6 月至 2020 年 5 月瑞士的名义政策利率与物价指数

资料来源：Wind。

第二，部分政策利率的下限为负，基准利率并不一定为负。在实施负利率政策的四个欧洲经济体中，央行的负利率政策仅适用于"货币走廊"的下限，并非基准利率为负。以欧洲央行为例，欧洲央行的货币政策工具主要包括三种，从高到低分别为：边际贷款利率（Marginal Lending Facility）、基准利率（MROs）和存款便利利率（Deposit Facility Rate）。欧洲央行实行的负利率政策是指存款便利利率为负，该利率在 2014 年 4 月被下调至-0.1%，并被逐步下调至-0.5%，基准利率自 2016 年 3 月起始终维持在 0。瑞士、丹麦、瑞典当前主要是银行间市场的隔夜存款利率、同业拆借利率为负，并非基准利率为负。事实上，当前除瑞士外，欧洲央行、丹麦和瑞典的基准政策利率都为 0（见表 2-2）。

表 2-2　欧洲负利率经济体的政策利率情况

经济体	基准利率名称	基准利率值	央行存款利率 （政策利率下限）	负利率政策 起始时间
丹麦	贴现率	0%	-0.6%	2012 年 7 月起
欧元区	主要再融资利率	0%	-0.5%	2014 年 6 月起
瑞典	回购利率	0%	-0.1%	2009 年 7 月至 2010 年 9 月 2014 年 7 月起
瑞士	瑞士隔夜平均利率	-0.65%	-0.75%	2014 年 12 月起

注：2020 年 5 月值。
资料来源：Wind、CEIC。

　　第三，银行间市场利率为负，市场利率并不一定为负。近年来欧洲的居民存款利率尽管持续下降并维持在比较低的水平，但出现负值的情况非常少见，如丹麦的家庭存款利率从 2012 年 7 月至 2019 年 12 月，在 90 个月份中仅有 4 个月出现负利率情况；瑞士的储蓄存款利率自 2013 年以来始终在 1% 以下浮动，2015 年 4 月以后其在 0.1% 以下浮动，但从未出现负利率。各国贷款利率一般高于存款利率，但没有出现负利率的情况（见图 2-10）。

　　第四，欧洲负利率政策的本质是对超额准备金征收惩罚性利息，但分级实行。欧洲各经济体主要针对银行间市场的拆借利率，为负值意味着央行对商业银

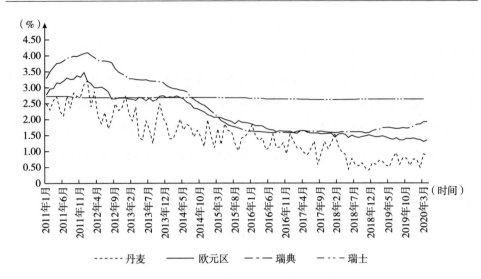

图 2-10 各经济体非金融企业新增贷款平均利率

资料来源：CEIC。

行的超额准备金存款征收利息，而非支付利息。在政策实践中，除瑞典外，各央行普遍对超额准备金实行分级负利率政策（见表 2-3），如丹麦和瑞士央行对金融机构存款设定了上限，超过限额的部分实行负利率，欧洲央行在 2019 年 9 月起开始应用分级负利率，对超过最低准备金 6 倍的央行存款征收负利率，对豁免额度内的存款应用 0 利率。

表 2-3 各经济体分级利率实行规则

经济体	负利率部分	豁免部分	豁免上限
丹麦	-0.5%	0	根据各银行存款规模确定上限
欧元区	-0.5%	0	最低准备金要求的一定倍数（当前 6 倍）
瑞典	-0.1%	0	无额度限制
瑞士	-0.75%	-0.25%	2014 年准备金的一定倍数（当前 20 倍）/固定 1000 万瑞士法郎

第五，负利率的存在逻辑是资金的保管需要成本。对个人而言，当存款利率为负，可以将存款取出放入个人的保险箱。对企业和金融机构而言，即使存款利

率为负，但保管大量资金仍需防火防盗等巨大投入，无法将所有存款转化为现金。在理论上，只要负利率带来的成本低于资金保管的成本，零利率的下限就可以突破。在实践中，欧洲负利率金融产品尽管并不普遍，但仍对传统金融产品形成了挑战。

专栏　欧洲的部分负利率金融产品实践

（1）负利率存款。2012年12月，瑞士第二大银行瑞士信贷集团发表声明，称将对其他银行在该行的存款收取利息，但并未面向个人账户。2019年8月，瑞士第一大银行瑞士银行（UBS）宣布对50万欧元以上的存款征收0.6%的年费，对200万瑞士法郎以上的存款征收0.75%的年费，但小额储户不受影响。

（2）负利率贷款。2019年8月，丹麦第三大银行日德兰银行推出世界首例负利率房地产按揭贷款，利率为-0.5%，最长期限为10年。经计算，贷款方仍需支付合计7.65%左右的手续费。此外，由于期限较短，该贷款并不适用于购房，银行推出目的在于房屋维修或置换已有的高利率贷款。

（3）超长期负利率国债。欧洲各国国债收益率普遍为负，并由短期债券向长期债券传导。2019年8月，德国溢价发行零息30年期国债，收益率为-0.11%，是第一个发行超长期负利率国债的国家。

（4）负收益率企业债。截至2019年9月7日，全球到期收益率为负的企业债规模达到4.7万亿美元，其中德国、瑞士和法国的发行规模最大，分别达164.44亿美元、20.5亿美元和3.46亿美元。这些债券由于收益率仍高于本国国债收益率或银行存款，且一般评级较高，所以仍具有一定的发行溢价。

综上，欧洲负利率政策尽管有悖于传统货币理论和经济逻辑，已实行较长时间，但各经济体在推行该政策时仍较为谨慎，仅针对商业银行在央行的"超额"准备金征收负利率，基准政策利率和市场利率并不一定为负。通常情况下，银行尽管净息差不断收窄，但仍未直接将成本转嫁给零售储户，称之为零售存款利率"黏性"。这是因为零售储户对利率下行更为敏感，持有现金的成本较低，随时提现增加了挤兑风险。即使出现个别负利率金融产品的案例，但实际上负利率存款影响范围有限，负利率贷款仍需支付一定手续费，负收益率企业债的投资者仍存在购买动机，对市场稳定并未造成大的冲击。

第三节　负利率政策的传导机制与实施效果

一、传导机制主要是由金融市场到实体经济

负利率政策的传导先从货币市场传导至金融市场，再传导至实体经济（见图 2-11）。央行通过货币政策工具调整了商业银行对央行的存款利率，并传导至银行间市场的同业拆借利率，到增加期限利差的中长期国债利率，到增加信用利差的企业债收益率，再到实体经济的市场利率，并影响到其他资产价格、本币汇率，最后传导至实体经济，从而对消费、投资、出口、物价和就业产生影响。

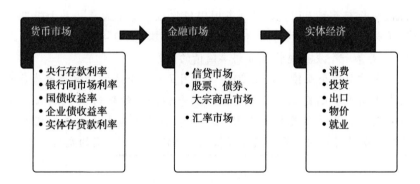

图 2-11　负利率政策的传导机制

二、实施效果

第一，负利率政策引导了长期利率的下降，对欧元区和瑞典的信贷扩张发挥了一定的促进作用。负利率政策实施后，欧洲的商业银行更青睐配置无风险资产，短期、无风险国债收益率明显下行，并逐步传导至长期国债收益率。2019年6月至2020年5月，丹麦、瑞典、瑞士的十年期国债收益率都降为负值，欧

元区国债收益率在 2019 年 8~9 月一度为负，之后在 0.01%~0.35%浮动（见图
2-12）。国债收益率下降进一步传导至实体经济贷款利率，除瑞士外，各经济体
的贷款利率也明显下降。利率下降最终传导至信贷市场，欧元区的银行信贷投放
明显增长（见图2-13），从2014年5月至2016年12月持续呈上升趋势，说明
欧元区负利率政策等"一揽子"宽松政策取得了一定效果，但在 2017 年以后
信贷增速又开始下降，增长后劲缺乏。在其他经济体中，丹麦信贷规模反而持
续下降；瑞典信贷规模在 2015 年有所下降，但之后实现了连续 3 年增长；瑞
士信贷规模有所提升。

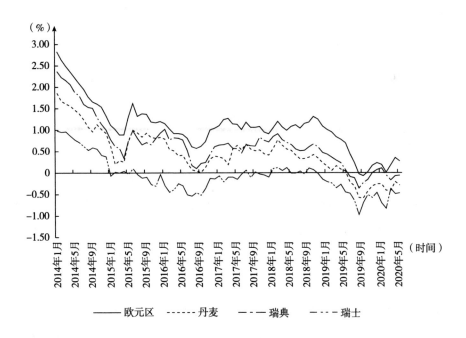

图 2-12　各经济体的十年期国债收益情况

资料来源：Wind。

　　第二，负利率政策推高了其他资产价格走高。当利率过低，金融机构为寻
求正收益，通常会配置更多的风险资产，选择增加股票、债券方面的投资。自
实施负利率政策以来，四个经济体的资产价格在中长期出现不同程度的上升，如

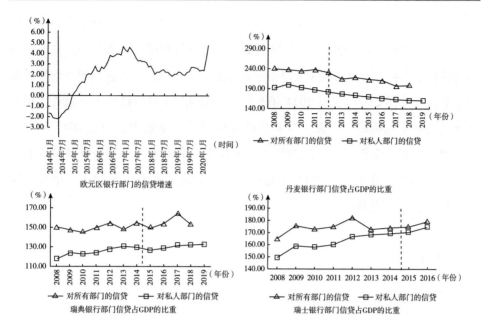

图 2-13 各经济体银行部门的信贷情况

资料来源：Wind。

证券市场上，丹麦的哥本哈根 20 指数由 2012 年 7 月的 484.1 上升至 2015 年 7 月的 1010.6，欧元区的道琼斯欧洲斯托克指数由 2014 年 6 月的 326.1 上升至 2015 年 7 月的 371.3，瑞典的所有股指由 2014 年 7 月的 446.1 上升至 2015 年 7 月的 529.8，但瑞士的市场在实施负利率政策后有所回调，并未出现明显增长（见图 2-14）。

第三，负利率政策推动了部分经济体汇率贬值。实施负利率政策后，欧元汇率和丹麦克朗立刻贬值，瑞典克朗在 5 个月后开始贬值，瑞士法郎对欧元不降反升（见图 2-15）。其中，欧元对美元汇率由 2014 年 6 月的 1.37 跌至 2015 年 3 月的 1.08，在 9 个月内下降 21.2%。丹麦克朗兑欧元汇率自 2012 年 7 月实施负利率政策起开始持续下降，直至 2014 年 6 月欧元区实施负利率政策后开始回升，之后经历数次波动。瑞典克朗对欧元在实施负利率政策的前 5 个月出现轻微回升波动，在 2014 年 12 月起开始在波动中进入贬值通道，2020 年 4 月与 2014 年 7 月相比贬值了 11.9%。另外，瑞士法郎对欧元汇率在 2015 年 1 月突破了 0.83 的上限，陡然升值为 0.91，在一月内升值幅度达 9.5%，此后也维持着较高汇率，直至 2017 年 4 月才开始有所下降。

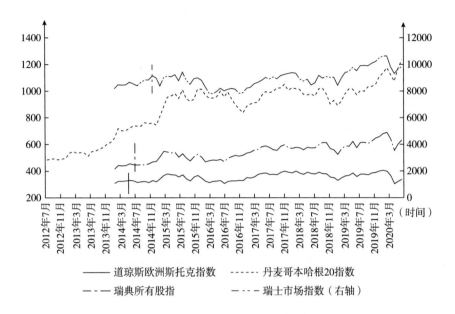

图 2-14　各经济体的证券市场指数

注：图中同色虚线指该经济体开始实行负利率的时间。

资料来源：Wind。

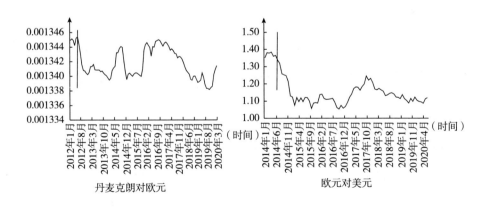

图 2-15　各经济体本币汇率

资料来源：CEIC 数据库。

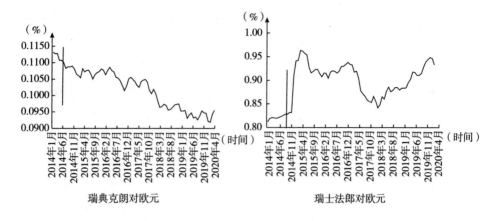

瑞典克朗对欧元　　　　　　　　瑞士法郎对欧元

图 2-15　各经济体本币汇率（续）

资料来源：CEIC 数据库。

第四，负利率政策对物价指数短期内效果不明显。如图 2-16 所示，实施负利率政策后，除瑞典外，各经济体的调和消费物价指数（HICP）增速在短期内并未回升，延续了下降趋势，欧元区和瑞士的物价指数增速还一度出现负值。其中，欧元区的通货膨胀率在 2016 年 3 月开始触底回升，并于 2017 年 1 月至 2019 年 2 月重回 1.5%~2.5% 的目标区间。丹麦的通胀率在 2012 年 12 月实行负利率后整体呈下降趋势，在 2017 年 6 月后才开始持续上升。瑞典的通胀率自 2014 年以来持续上升，在 2017 年 6 月重回 2%，在四个经济体中表现最好。瑞士的通胀率在实施负利率政策后并未实际改善，在 2014 年 8 月至 2016 年 10 月始终负增长。

第五，各经济体失业率整体呈下降趋势。负利率政策实行后，各经济体整体呈下降趋势，如图 2-17 所示。其中丹麦和欧元区的失业率下降幅度最大，丹麦失业率由 2012 年 6 月的 8% 下降至 2015 年 12 月的 6%，三年内下降了 25%；欧元区由 2014 年 6 月的 11.5% 下降至 2017 年 6 月的 9.1%，三年内下降了 20.9%。瑞典的失业率由 2014 年 7 月的 7.8% 下降至 2017 年 7 月的 6.9%，三年内下降了 11.5%。瑞士的就业数据整体保持稳定，2014 年 12 月实施负利率政策时，瑞士的失业率为 3.4%，之后三年的失业率平均值为 3.28%，出现了轻微下降。值得注意的是，各经济体的经济复苏和失业率下降并不一定是由负利率政策导致，两类数据仅在时间上有对应关系。

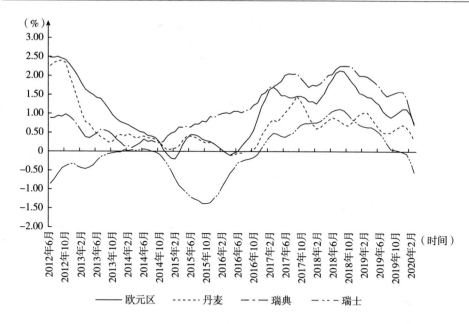

图 2-16　各经济体的物价指数同比增长情况

资料来源：Wind。

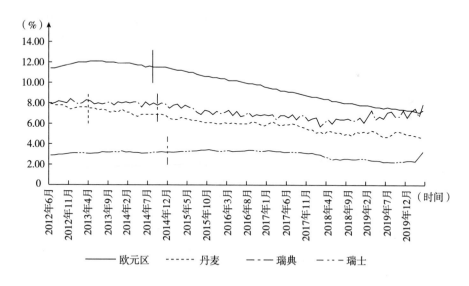

图 2-17　各经济体的失业率

资料来源：Wind。

第六，负利率政策导致欧元区消费、投资、净出口的增长速度在短期内明显提升。欧元区实施负利率政策的重要目标是带动实体经济发展，实施负利率政策后，欧元区的最终消费支出和资本形成总额提升明显（见图2-18）。负利率政策实行之前的8个季度，欧元区最终消费支出和资本形成总额的同比增速分别为-0.17%和-1.37%。负利率政策实行后的8个季度，欧元区最终消费支出和资本形成总额的同比增速分别上升至1.79%和4.30%，提振作用明显。负利率政策对净出口的影响主要体现在一年内净出口增速由负转正，并最快上升至4.83%。但是，负利率政策对欧元区的长期作用有限。欧元区净出口增速在2015年6月（负利率政策实行一年）起开始由正转负，并开始长期负增长；最终消费支出和资本形成总额也在2015年12月达到峰值后，开始呈下降趋势。

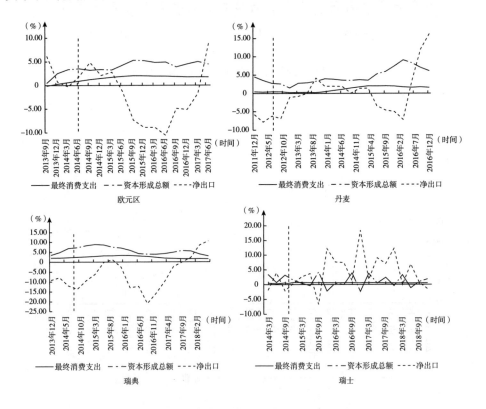

图2-18　各经济体的消费、投资和净出口增速

注：图中数据是以2010年定基价格，经季节性和工作日调整后的季度数据，取五个季度的移动平均值。
资料来源：Wind、CEIC。

从其他三个国家的经济表现看，实施负利率政策后，各国消费和投资增速有升有降，出口增速提振明显。消费方面，丹麦的消费增速有所下降，最终消费支出增速在实施负利率政策后的 5 个季度分别为 0.48%、0.22%、0.27%、0.28%、0.24%，直至第 6 个季度才恢复 0.46% 的水平；瑞典的消费增速稳步提升，最终消费支出增速在实施负利率政策后连续增长 6 个季度，由 2012 年第二季度的 2.23% 上升至 2015 年第四季度的 3.34%；瑞士的消费增速较为稳定，在实施负利率政策后的 5 个季度分别为 0.37%、0.5%、0.42%、0.11%、0.43%。投资方面，瑞典的固定资本形成增速先升后降，实施负利率政策后的 5 个季度分别为 7.29%、8.25%、8.87%、7.50% 和 7.04%，但 5 个季度后下降至 6% 以下的水平；丹麦和瑞士的资本形成增速先降后升，其中，丹麦的资本形成增速由 2012 年第二季度的 2.77% 下降至当年第三、第四季度的 2.59%、1.51%，但 2013 年起回升至 3% 以上；瑞士的资本形成增速由 2014 年第四季度的 1.52% 下降至 2015 年第一、第二季度的 0.45%、-0.34%，在第三季度回升至 4.26%。出口方面，各经济体的净出口增速都有所上升，在一年左右出现峰值，之后便开始下降。其中，丹麦的净出口平均增速在负利率政策实施后的 5 个季度分别为 -6.84%、-1.08%、-0.81%、0.01% 和 4.15%，但自第 6 个季度起增速下降，连续 10 个季度增速未超过 2%；瑞典的净出口增速在实施负利率后的 5 个季度由负转正，分别为 -13.65%、-9.39%、-6.24%、-0.17% 和 1.17%，但在第 6 个季度起又降至负值，且下降程度达新低点；瑞士的净出口增速在实施负利率后的第 4 个季度也达到了 18.42% 的峰值，之后又下降明显。

　　第七，负利率政策对丹麦、欧元区和瑞典的经济增长发挥了一定作用，对瑞士增长的作用不明显（见图 2-19）。其中，欧元区和瑞典在实施负利率政策前 8 个季度的 GDP 平均增速分别为 -0.04% 和 0.98%，实行后的 8 个季度 GDP 平均增速上升为 1.81% 和 3.53%，增长明显加速。丹麦曾在 2012 年 7 月和 2014 年 9 月两次将利率调至负值，两次政策前后 4 个季度的 GDP 平均增速分别为 0.15%、0.5%、1.45%、2.48%，也实现了明显提升。但值得注意的是，欧元区、丹麦和瑞典的经济增速分别在政策后的 4 个、4 个和 5 个季度到达峰值，之后便开始下降，说明负利率政策对这三个经济体经济增长的促进作用在短期明显、长期有

限。另外，瑞士在实施负利率政策后 GDP 增速不升反降，政策前后 8 个季度的
GDP 平均增速分别为 2.15% 和 1.53%。

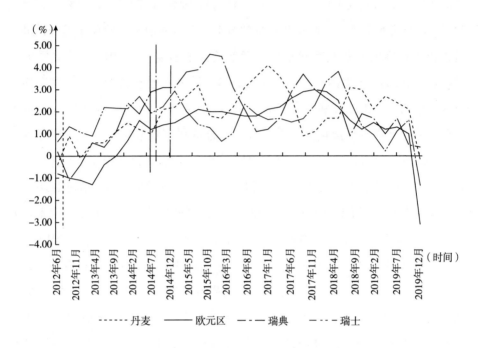

图 2-19　各经济体的 GDP 增速

三、效果总结

综上，欧洲各经济体实行负利率的主要政策效果如表 2-4 所示，从中可以发
现以下特征：

表 2-4　欧洲各经济体的负利率政策实施效果

		欧元区	丹麦	瑞典	瑞士
货币市场	国债收益率	明显下降	明显下降	明显下降	明显下降
	市场利率	明显下降	明显下降	明显下降	无明显变化
金融市场	信贷规模	明显上升	下降	先降后升	有所提升
	股票指数	有所上升	明显上升	有所上升	无明显变化

续表

		欧元区	丹麦	瑞典	瑞士
汇率	本币汇率	明显下降	明显下降	长期呈下降趋势	上升
通货膨胀	物价指数	下降，6个月后触底回升	长期下降	长期呈上升趋势	下降，10个月后触底回升
就业	失业率增速	明显下降	明显下降	有所下降	无明显变化
增长	消费增速	长期呈上升趋势	有所下降	持续上升	无明显变化
	资本形成增速	先降，3个季度后明显上升	先降，2个季度后明显上升	先升，3个季度后开始下降	无明显变化
	净出口增速	明显上升，3个季度后下降	明显上升，5个季度后开始下降	明显上升，5个季度后开始下降	波动上升，4个季度后开始下降
	GDP增速	上升，4个季度后下降	上升，4个季度后下降	上升，5个季度后下降	下降

第一，对货币市场和金融市场较为有效，对实体经济的影响相对更弱。大部分经济体的负利率政策对货币市场和金融市场产生了较为明显的影响。在货币市场上，负利率政策带动了欧洲各经济体的长期利率下降，导致国债收益率、市场债券利率、存贷款利率的全面下降。在金融市场上，欧元区、瑞典和瑞士的信贷规模，欧元区、丹麦和瑞典的股票指数均有不同程度的上升。但是，负利率政策对不同经济体实体经济的影响方向和发挥作用时长不同，并未产生一致效果。同时，除瑞典外，其他三个经济体的通缩迹象并未得到缓解，直至半年或更长时间后才开始回升。这是因为存款利率的黏性导致负利率难以传导至市场存贷款利率，从而影响了传导效果。

第二，对出口和经济增长短期效果明显，但长期影响有限。负利率政策实行后，四个经济体的净出口增速显著加快，欧元区、丹麦和瑞典的经济增速上升，说明负利率政策对出口和经济增长发挥了一定作用。但是，各经济体出口和增长的增速在一年左右均出现明显下降，说明负利率政策的效果仅持续一年左右，并未产生长期影响。这可能是由于相关配套政策不足，难以形成政策合力，政策后劲不足。

第三，对比政策初衷，各经济体的政策效果差异较大。欧元区和瑞典以缓解通缩为主要政策目标，其中瑞典实现了物价水平的持续提升，但欧元区的物价指数增速却继续下降，直至两年后才恢复至负利率政策实施前的水平。丹麦和瑞士以稳定汇率为主要目标，其中丹麦克朗对欧元汇率有所贬值，升值压力不大，但瑞士的汇率目标不仅没有实现，而且瑞士法郎与欧元脱钩、对欧元升值明显。综上可以看出，负利率政策不是"万能药"，对不同规模和结构的经济体可能产生相反作用，在欧洲产生的经济影响需结合国情具体评估，不能一概而论。

第四节 负利率政策的代价与风险

一、助长资产泡沫加大金融风险

负利率政策对推高资产价格的作用体现在两方面：一是作为非常规的货币政策，负利率政策与其他量化宽松的政策配合，为市场注入了更多流动性。二是因无风险资产收益降低，企业、个人和金融机构可能选择配置更多更高风险的资产。两方面因素作用下，负利率政策将助长资产价格泡沫，增加了金融风险，加大了金融市场的波动性。例如，国际评级机构穆迪公司曾发布报告称，瑞典实施负利率政策可能导致该国无法控制房价疯涨。若房地产、股市等资产价格泡沫破裂，将可能对社会财富、金融体系产生无法估量的影响。

二、侵蚀银行利润降低贷款质量

负利率政策直接作用于商业银行，对银行利润的侵蚀体现在两方面：一是存贷款利差收窄，压缩了利润空间。一方面贷款利率降低，损害了银行盈利水平；另一方面由于零售存款利率存在黏性，市场存款利率很难真正为负。在此情况下，存贷款利率差收窄，银行传统的利润空间受限。二是由于商业银行需要为超额准备金支付利息，也增加了银行的支出成本。

此外，负利率政策还可能降低银行贷款质量。由于商业银行需要为超额准备金支付利息，则向居民和企业放贷的动力更强，可能降低贷款标准，导致更低信用的企业和个人获得了银行资金，这也将加大银行风险。目前，在欧洲尤其在意大利、德国已经出现了低质量贷款数量增长的情况。

三、颠覆财务管理和投资交易模式

在负利率政策下，金融产品的定价和交易模式可能发生变化。从理论上看，当利率接近于零，现金流现值的计算对折现率非常敏感，任意现金流的现值可通过选择一个足够低的折现率变得非常大。但零或负的折现率没有经济学意义，负利率将会造成资产与负债估值的巨大模糊性。此外，期权定价模型在负利率情形下不一定适用，可能需要重新设计金融交易的功能，负收益的带息金融产品的发行也面临设计问题。如果负利率政策实行太久，可能需要重新设计债券等金融产品，或进行其他运营创新。

四、引发竞争性货币宽松

负利率政策可能会引发竞争性货币宽松，对开放性国家的影响更为明显。例如，丹麦、瑞士等的货币与欧元力图维持固定汇率。但当欧洲央行实施负利率时，周边国家必须被动实行负利率，以减少本币大幅升值的风险，并避免国际资本的大规模涌入带来冲击。因此，丹麦和瑞士不得不随欧洲央行实施负利率政策，但瑞士法郎依旧迎来了大幅升值，不得不与欧元"脱钩"。若更多国家实施负利率政策，各国货币竞相贬值，可能对全球经济贸易活动带来更多的不确定性。

第五节　欧洲负利率政策对我国的启示

一、我国暂无实施负利率政策的必要性

一是我国增长潜力依旧较大。欧元区和瑞典的负利率政策具有特定历史背景，受到金融危机和欧债危机的双重打击，通缩迹象明显，经济增速普遍下降，

且复苏乏力。当前，我国在中长期潜在经济增长率仍然较高，经济增长动力仍比较强劲，即使遭遇如新冠肺炎疫情等短期外部冲击，仍具有强大的发展韧性和活力。因此，尽管在国际形势日趋复杂、国内外发展环境不确定性增大的情况下，我国经济发展面临更多考验，但长期向好的基本面仍未改变，目前看并无实施负利率政策的必要。二是我国货币政策仍存在较大空间。欧洲在实施负利率政策前，利率已降至超低水平，并且宽松货币政策收效甚微，信贷规模不增反降，导致欧洲不得不采取非常规政策。我国货币政策工具较为丰富，包括公开市场操作、再贷款、中期借贷便利（MLF）、准备金政策、利率政策等多种。当前，我国 7 天逆回购和 MLF 操作利率分别下降至 2.2% 和 2.95%，1 年期 LPR 下降至 3.85%，1 年期存款基准利率为 1.5%，仍在零以上的水平。同时，我国人民银行对法定准备金支付 1.62% 的利息，对超额准备金支付 0.35% 的利息，虽然在 2022 年已大幅下降，但是距降至负值仍有一定的操作空间。

二、负利率政策不能解决我国结构性矛盾

尽管负利率政策对欧元区、丹麦和瑞典的经济增长发挥了一定促进作用，但明显增长的态势仅维持一年左右，并且对欧元区、丹麦和瑞士的物价影响并不明显。这是因为欧洲各经济体人口规模、资产结构和支柱产业并不相同，经济低迷具有深层次结构性矛盾。负利率作为一种非常规的宽松货币政策，在总量上对增长有一定促进作用，但未解决结构性问题。当前，我国经济已由高速增长阶段转向高质量发展阶段，进入中国特色社会主义新时代，我国社会主要矛盾已经转化为"人民日益增长的美好生活需要和不平衡不充分的发展之间的矛盾"。因此，我国面临的结构性问题也无法仅从货币政策解决。即使是面临短期冲击，我国也更需要更精准、更有效率的结构性定向货币政策，而不应选择"大水漫灌"式的负利率政策。

三、负利率政策对我国可能造成更大风险与冲击

欧洲的负利率政策尽管在传导链条中存在较多阻碍，但依旧推高了股票、房地产等资产价格，并对金融机构和商业银行的产品设计、盈利模式、盈利能力产生了深刻影响。对我国而言，若实施负利率政策，一是可能进一步助长资产泡沫，引发股价、房价等资产价格的大幅上涨，不利于我国实现"房住不炒"的目标，也将加剧金融市场波动。二是可能进一步积累银行风险，对超额准备金征收利息将鼓励银行放贷，大量国有银行为完成任务可能降低银行贷款标准，将贷款投向更多风险更大的居民和企业，导致银行不良贷款率上升，不利于金融系统的稳定。三是可能引发恐慌，导致投资率下降。我国居民长期具有储蓄习惯和传统，储蓄率远高于国外，若实施负利率政策，尽管市场存贷款利率并不一定为负，但低利率将最终转嫁至储户，可能导致居民和企业转而选择持有更多现金，带来储蓄率和投资率的下降。

总之，负利率政策并不是适应我国国情的灵丹妙药，我国暂时没有实施负利率政策的必要性。未来，我国应注重货币政策与财政政策、金融政策的统筹协调，优化金融供给侧结构性改革，坚持稳健的货币政策取向，探索适合中国国情与特色的货币政策道路。

参考文献

［1］丁玉：《欧央行负利率政策实施效果研究》，《新金融》2017年第1期。

［2］范志勇、冯俊新、刘铭哲：《负利率政策的传导渠道和有效性研究》，《经济理论与经济管理》2017年第2期。

［3］孙国峰、何晓贝：《存款利率零下限与负利率传导机制》，《经济研究》2017年第12期。

［4］吴秀波：《海外负利率政策实施的效果及借鉴》，《价格理论与实践》2016年第3期。

［5］伍聪：《"负利率"问题研究的演进与新进展》，《经济理论与经济管理》2012年第9期。

［6］徐奇渊：《负利率政策：原因、效果、不对称冲击和潜在风险》，《国际经济评论》2016年第4期。

［7］杨北京、张英男：《负利率政策研究及其对我国货币政策操作的启示》，《现代管理科学》2018年第10期。

[8] Angrick S. , Nemoto N. , "Central Banking below Zero: The Implementation of Negative Interest Rates in Europe and Japan", *Asia Europe Journal*, Vol. 15, Issue4, 2017, pp. 1-27.

　　[9] Arteta C. , Kose M. A. , Stocker M. , et al. , "Implications of Negative Interest Rate Policies: An Early Assessment", *Pacific Economic Review*, Vol. 23, Issue1, 2018, pp. 8-26.

　　[10] Li M. , Shuhao L. , Chenghao W . , "Is the Negative Interest Rate Effective? —Evidence from the Eurozone", *Studies of International Finance*, 2018.

第三章　日本超低利率政策的
实践及对我国的启示

第一节　日本开始实施超低利率政策的经济背景

一、应对日美贸易摩擦转向扩大内需

从 20 世纪 70 年代的两次石油危机中走出的日本经济快速增长，进入 20 世纪 80 年代，美国形成了财政赤字和贸易赤字的"双赤字"的连锁反应机制，日本的对美贸易顺差被看作是引起美国经常收支赤字的元凶，美国要求日本削减经常收支赤字。1985 年 9 月 22 日，世界主要五个发达国家（日本、美国、英国、联邦德国、法国）的财政部长和央行行长签署广场协议，使美元价格稳定在一个"适当的水平"，日元开始升值，日本经济遭遇了"日元升值萧条"。在这样的形势下，日本政府提出了为刺激内需的财政金融政策，以及促进规制缓和的措施，如扩大以公共投资为中心的财政支出，为促进民间投资扩大的规制缓和，以及通过废止小额储蓄优待税制、减少储蓄等。

二、持续的金融缓和政策导致泡沫产生

1986 年 1 月，日本银行将官方利率从 5% 下调至 4.5%，开始着手实施阶段

性金融缓和政策，最终于 1987 年 2 月，将官方利率下调至"二战"后最低（当时）水平的 2.5%。在此基础上，日本政府又于 1987 年 5 月通过了政府支出 6 兆日元、减税 1 兆日元的大型紧急经济对策，实施了利用财政刺激景气的对策。

此外，在 20 世纪 80 年代前半期，通过金融、资本市场的自由化推行企业筹资手段的多样化也应用于土地、股票投资的资金筹集变得更加容易。1980 年修改了外汇管理法，从原则禁止与海外的资本移动相关的外汇交易转换到了原则自由。1981 年商法修改后，认可了新股承兑权公司债的发行，到了 1985 年，又对 10 亿日元以上的大额定期存款采取了利息自由化政策。在这些规制缓和的推行过程中，大企业不仅在国内、在海外也积极发行新股承兑权公司债和转换公司债等，将剩余资金用大额定期存款或股票投资方式运作，大量的资金流入股票市场还带来了股价的飞涨。1985 年日经平均股价为 12000 点后迅速攀升，到了 1989 年 12 月 30 日创下了 38915 点的史上最高纪录（见图 3-1）。

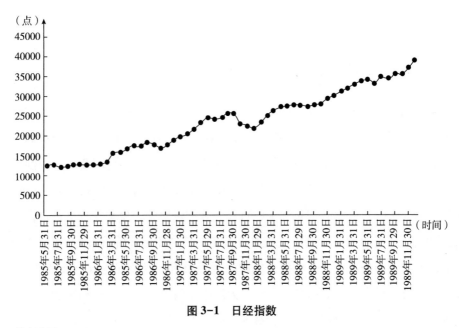

图 3-1　日经指数

资料来源：Wind。

另外，根据金融自由化，非银行机构的新加入激化了金融机构的竞争，银行为了开拓新的顾客群不得不将贷款目标从大企业转向中小企业和个人，尤其增加了向建筑、房地产，还有以非银行机构为中心的金融业贷款。这些行业以从银行得到的融资为本金，向房地产业进行投资，这也直接导致了地价的大幅攀升。1986～1990年，商业用地的价格以每年10%以上的速度增长，1987年创下了上涨率为21.9%的最高纪录。1987年1月政府公布的基准地价，东京附近的土地价格比前一年涨了23.8%，到1988年1月土地价格的上涨率高达65.3%（见图3-2）。

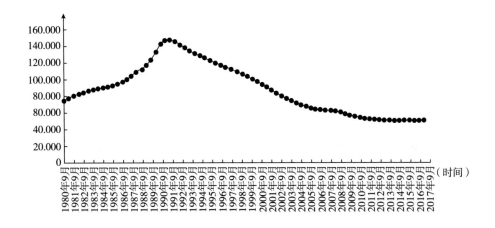

图3-2 日本城市土地价格指数（全国平均，2000年为100）

资料来源：CEIC。

金融缓和政策的继续与大规模财政政策启动的同时，带来了景气的过热和货币供给的上升，资产价格持续上升的预期支撑着人们的期待。大量的资金涌入了股票、房地产市场。从1986年到1987年，虽然已经能看到股价和地价的大幅上涨，但是政府仍没有采取金融紧缩政策。一是由于日元升值导致进口物价下跌，而日本银行一直用作决策的重要判断依据的一般物价水平的波动相对稳定了；二是考虑到1987年10月，纽约股市的暴跌（黑色星期一），当天下降幅度达到22.5%，这一事件引发国际连锁反应，东京证券交易所的股票价格也大幅下跌14.9%，进一步限制了在必要时期进行升息的政策。实际上，这一时期应该将金融缓和政策改为加息，但是加息会加速美元贬值，有可能对美国经济造成负面影响，日本银行担心"日本成为引发世界恐慌的源头"，决定推迟加息，这种异常的金融缓和状态最终导致泡沫的发生。

三、泡沫破灭导致经济萧条

面对房价飞涨，当时日本的工薪族努力工作一辈子也买不起房。日本银行总裁三重野认为社会是不正常的，必须紧缩金融，抑制地价上涨。日本银行于 1989 年 5 月转变了持续 3 年多的金融缓和政策，决定上调贴现率。到 1990 年 8 月一共上调了 5 次，法定利率从 2.5% 上涨到了 6.0%。随着日本银行持续实施金融紧缩政策的意图越来越明朗，股价急转直下，到 1990 年 10 月 1 日，日经指数平均下跌 33%，降到最高值的一半。

1990 年 3 月，大藏省以银行局长名义下达题为"抑制与土地相关投资"的通知，实施行政指导，设定银行不动产投资上限，启动对房地产金融实施总量控制的政策。这个通告抑制了为投资房地产进行的融资，缩小了对土地的投资，造成了地价的下跌。1991 年，公示地价中的住宅用地价格相比 1990 年下降了 5.6%，商业用地下降了 4.0%，这是 17 年以来的首次下跌，也成为之后地价持续下跌的开端。

伴随着泡沫破灭，企业的设备投资被抑制，由于雇佣不安情绪的高涨，个人消费低迷，需求减少导致物价的持续下跌（通货紧缩），继而企业的销售额减少，但因为工资等生产要素价格难以降低，企业的收益进一步恶化。而且，企业业绩的恶化又通过上述那样起因于抑制设备投资的机制而进一步导致需求下降和物价下跌。日本经济迎来了被称为平成萧条的低迷时代。

第二节　日本超低利率政策的市场实践

一、应对泡沫破灭后经济快速下滑，利率不断调低

法定利率快速下调。伴随着资产泡沫破灭，日本经济迅速下滑，GDP 增速

从 1990 年第三季度的 7.5%急速下跌到 1992 年第四季度的-0.2%。1991 年 7 月，
日本央行开始实施宽松的货币政策，将法定利率从 6%调低至 5.5%。1991 年末，
撤销房地产金融实施总量控制规则。到 1993 年 2 月，日本央行通过 5 次下调，
法定利率降至 2.5%，但在当年的第二、第三季度 GDP 增速继续呈下滑态势，
1993 年 9 月法定利率又降至 1.75%。到 1994 年，日本经济萧条出现缓和迹象，
GDP 在第二、第三季度的增速达 2.4%，日本央行担心过度的低利率政策会再次引
发泡沫经济，在 1995 年 3 月停止了金融宽松政策，但日本银行间同业拆借利率在
1995 年 7 月仍跌破 1%（见图 3-3），可以说几乎已经没有继续下降的空间了。

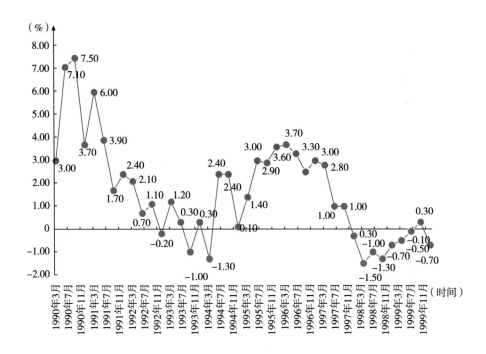

图 3-3　日本 GDP 季度变化

资料来源：Wind。

摇摆不定的财政政策，影响了经济复苏势头。泡沫经济破灭之后，日本政府
以"紧急经济对策"或"补充预算"等方式，多次扩张财政支出，加大公共投
资支出（见表 3-1）。1994 年以后，GDP 平减指数开始下降，政府也间歇性地采

取了一些减税政策。1996 年日本议会通过法律，决定从 1997 年开始执行日本财政重建计划。日本财政重建的长期目标是，到 2003 年之前把中央政府和地方政府的财政赤字之和对 GDP 之比降到 3% 以下，并停止发行特别赤字国债。为了实现这些目标，日本政府在 1997 年 4 月提高了消费税税率，由 3% 上升到 5%，1994 年开始实施的 200 亿日元的特别减税政策也被废除，医疗费用上调等一些利增税政策实行，减税财政收缩的规模大约为 9 万亿日元。1997 年，日本居民消费和政府支出的增长速度由 1996 年的 2.9% 和 4.3% 下降到 1.1% 和 -5.6%。仅这两项增长速度的下降便使 1997 年 GDP 的增长速度下降了近 3 个百分点。1997 年虽然日本的财政赤字对 GDP 之比有所下降，但经济形势却大大恶化，虽然受消费税上调之前的"突击消费"需求增长影响，1997 年第一季度 GDP 增速达 3%。但到第二季度，GDP 增速迅速下降到 1%。财政整顿破坏了日本经济难得的复苏势头，造成了连续 5 个季度的负增长，商业不动产的价格下跌了 53%，使日本企业部门的资产负债表问题进一步恶化。

表 3-1　日本财政支出政策

决策时间	主要内容	资金规模（万亿日元）
1992 年 8 月	扩大公共投资，帮助中小企业解决面临的问题，促进民间设备投资	10.70
1993 年 4 月	扩大公共投资，帮助中小企业解决面临的问题，促进民间设备投资	13.20
1993 年 9 月	整建社会基础设施，帮助中小企业解决面临的问题	6.20
1994 年 2 月	扩大公共投资，帮助中小企业解决面临的问题，减少所得税	15.30
1995 年 4 月	阪神大地震的赈灾费，紧急防灾对策费，帮助中小企业解决面临的问题	7.00
1995 年 9 月	扩大公共投资，帮助中小企业解决面临的问题	14.20
1998 年 4 月	扩大公共投资，减轻租税负担	16.75
1998 年 11 月	缓解借贷，扩大公共投资，增加就业	23.90
1999 年 11 月	增加就业紧急对策	0.54
1999 年 11 月	基础设施投资，支援中小企业、风险企业等	18.00

资料来源：日本财务省。

　　处理不良债权，对金融机构救助。由于不属于 1990 年限制银行不动产投资总量限制的对象，住宅金融公司在 20 世纪 90 年代之后仍然继续增加不动产投资。然而，地价下跌后大部分不动产投资无法收回，成为不良债权。1995 年夏季，大藏省对 8 家住宅金融公司调查，发现不良债权超过 8 万亿日元，亏损额已超过其自有资本，陷入破产状态。1996 年初，日本政府决定在 1997 年度预算中投入 6850 亿日元公共资金处理住宅金融专门公司的巨额不良资产问题。1997 年 7 月，亚洲金融危机爆发，日本经济陷入衰退局面，资产价格急剧下跌，不良债权问题也迅速恶化。进入 11 月以后，三洋证券、北海道拓殖银行、山一证券和德阳地方银行相继破产，金融危机开始显现。此后，日本政府为了处理日本长期信用银行、日本债券信用银行等金融机构破产善后问题，总计投入了 40 万亿日元以上的救助金，主要通过补充银行资本、资产购买、债务担保和存款保险制度来进行。由于巨额不良债权的存在，金融机构资本充足率不足，日本金融机构的融资成本逐渐上升，加之政府推行金融体制改革，面临融资困难的金融机构采取了抑制贷款（惜贷）和从中小企业的贷款回收（逼债），即缩小放贷数额，企业资金链恶化，投资进一步减少，给实体经济造成的影响令人担忧。

自 1998 年以后，日本经济面临着更加严重的局面，GDP 连续多季度负增长，GDP 平减指数及消费者物价指数也开始下跌（见图 3-4），通货紧缩正式开始，此时官方利率已经降无可降（见图 3-5），1999 年 2 月，日本央行开始推行零利率政策。2000 年 8 月，因世界性互联网热潮带来经济好转，日本央行不顾政府的反对又取消了零利率政策。

可以看出，日本从开始实施宽松的货币政策时，利率超过 6%，下降至 1% 以下用时不足 4 年，到开始实施零利率货币政策也仅仅用了 8 年左右时间。尽管日本首次实施零利率政策的时间约 1 年半，总体时间较短，但它极大地影响了以后常规性货币政策工具的选择空间，增加了货币政策的操作难度。

二、面对持续的通货紧缩，首次开启零利率与量化宽松的货币政策

退出零利率政策以后，日本的 CPI 持续为负值，GDP 增速也在 2000 年第四季度达到 2.6% 的高点后开始下降（见图 3-6），迫于经济压力，日本央行在 2001 年 3 月再次恢复零利率政策（见图 3-7），并下决心实行了旨在增加央行活期存款余额的量化宽松政策，将货币政策操作目标从无担保隔夜拆借利率改变为

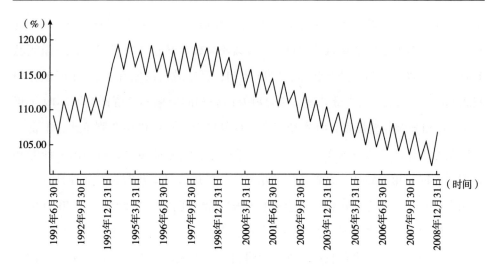

图 3-4　日本 GDP 平减指数变化（2005 年为 100）

资料来源：Wind。

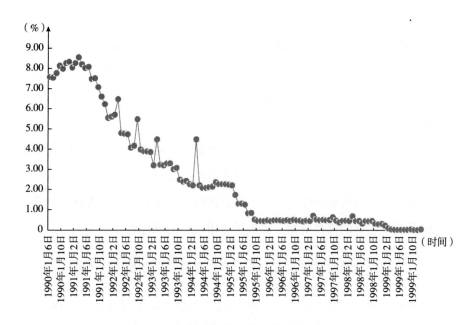

图 3-5　日本无担保隔银行间同业拆借利率

资料来源：CEIC。

商业银行在央行的存款余额，并不断扩大长期国债购买规模，确立"银行券规则"，即新增长期国债购买规模不能超过纸币发行量上限，成为全球首家采用这一政策的央行。

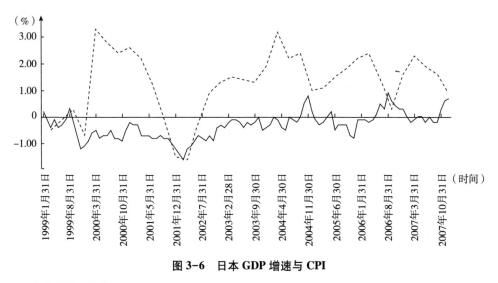

图3-6 日本GDP增速与CPI

资料来源：Wind。

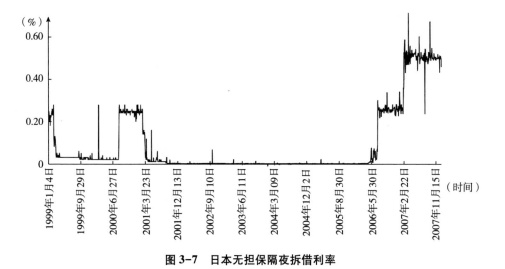

图3-7 日本无担保隔夜拆借利率

资料来源：Wind。

2001 年 4 月小泉政权成立，提出"没有结构改革就没有经济恢复"主张，把处理不良债权、放松管制、民营化、削减公共支出等视为经济政策的基本方针，并于 2002 年 10 月制订了"金融再生计划"。2003 年 3 月就任日本央行行长的福井俊彦着重强调金融宽松政策的意义，通过持续提高央行活期存款余额以配合外汇干预，积极推动量化宽松政策的实施。日本央行的活期存款从 2003 年初的 20.55 万亿日元增加到 2006 年 3 月末的 31.2 万亿日元，增加额约 10.65 万亿日元，其中于 2004 年 3 月 31 日达到阶段性高点 36.4 万亿日元；在此期间，日本央行资产也从 124.6 万亿日元增加到 144.6 万亿日元，增加额为 20 万亿日元，其中阶段性高点为 2005 年 12 月 31 日的 155.61 万亿日元；央行活期存款的增加额约是总资产增加额的 50%（见图 3-8）。

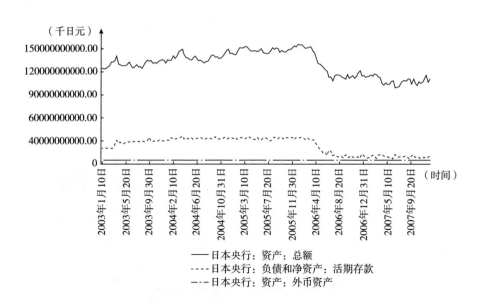

图 3-8　日本央行总资产与活期存款

资料来源：Wind。

　　金融再生计划的推进。日本存款保险机构（Deposit Insurance Corporation of Japan，DICJ）从健全金融机构购买资产始于 1999 财年，其购买活动是通过外包（Resolution and Collection Corporation，RCC）来进行的。2010 财年，RCC 汇集了

来自先前的 7 家贷款公司 390 亿日元的债务（共计 3.3812 万亿日元）和购买自失败或健全金融机构的 615 亿日元债务（共计 6.2547 万亿日元）。DICJ 获得政府授权，通过借款或者发行 DICJ 债券来为其总账户、危机管理账户、金融重建账户、早期强化账户、金融功能强化账户、贷款账户和危险恢复分配账户筹资。政府基于预算安排为上述账户除贷款账户和危险恢复分配账户外提供担保。到 2011 年 9 月底，共计融资 3.0 万亿日元，其中借款 0.4 万亿日元，发行 DICJ 债券 2.6 万亿日元。

　　2001 年 3 月至 2006 年 3 月，实施为期 5 年的首轮量化宽松政策使担保隔夜拆借利率为零。与此同时，国内银行的活期储蓄存款从 2003 年初的 239 万亿日元增加到 2007 年末的 283 万亿日元，增加约 44 万亿日元，增长幅度为 18.41%，其中个人存款为 40.7 万亿日元，占存款增加额的 92.5%（见图 3-9）。

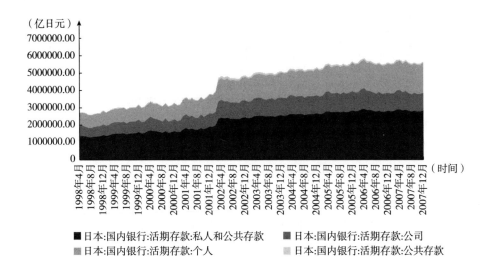

图 3-9　日本国内银行活期存款

资料来源：Wind。

　　在此期间，美国在互联网泡沫破灭后采取了金融宽松政策使本国经济从泡沫破灭的阴影中走了出来，中国也迎来了经济的迅猛发展，以美国和中国为中心的外需扩大成为日本经济恢复的良好契机。随着经济逐渐复苏，日元也在持续升值（见图3-10）。在这种情况下，2003~2004年，日本财政部门动用了35万亿日元的资金，通过抛出日元买入美元对日元汇率进行了大规模干预。外汇干预和量化宽松政策的实行，阻止了日元猛烈升值。

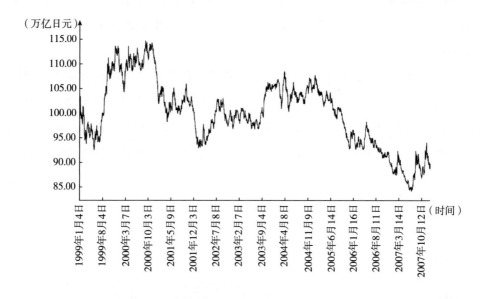

图3-10　日元汇率指数（1999年1月4日为100）

资料来源：Wind。

从美国取消金融宽松政策的2005年到2008年，日元的实际有效汇率跌到了稍低于广场协议签署时的水平，日元一直处于贬值状态（见图3-11）。虽然通货紧缩一直持续，但出口增长带来的经济恢复趋势不断加强，消费者物价指数上涨率也接近0。在这种经济局势下，日本央行在2006年3月取消了量化宽松政策，并于2006年7月将官方利率上调至0.25%，到了2007年2月又提高至0.5%。到2007年末，日本央行的活期存款约为10万亿日元，约是本轮量化宽松政策开始时的50%，退出时的1/3。

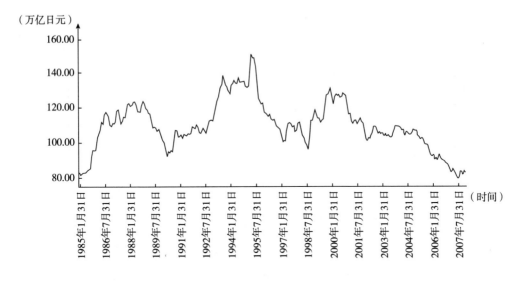

图 3-11 日元实际有效汇率（2010 年为 100）

资料来源：Wind。

由于 20 世纪 90 年代实行的多项财政政策导致了财政赤字的扩大，日本政府在 2001 年以后基本实行中立性的财政政策。但在 2007 年，政府还是决定全面废除自 1999 年以来一直实行的定率减税政策。这些财政及金融政策的收紧压制了内需，从 2008 年 2 月开始日本经济再次进入恶化阶段，又遭受 2008 年 9 月 15 日爆发的金融危机的重创，2008 年 10 月，日本央行将利率下调至 0.3%。

三、应对美国金融危机冲击，再次实施量化宽松的货币政策

1. 零利率与 QE 量化宽松政策

2008 年，美国金融危机爆发，世界经济和全球金融体系受到严重冲击，美国和英国先后推出量化宽松货币政策。作为大型开放经济体，日本经济陷入了金融和经济的双重冲击，再度进入通货紧缩的泥潭之中（见图 3-12）。

2009 年 1 月，日本再度开始实施量化宽松政策，执行实质上的零利率政策，明确维持零利率的政策期限效果，设立不受"银行券规则"限制的资产购买基金等，直接介入 1~2 年期债券市场利率，缩小各种资产短期风险溢价，开辟了日

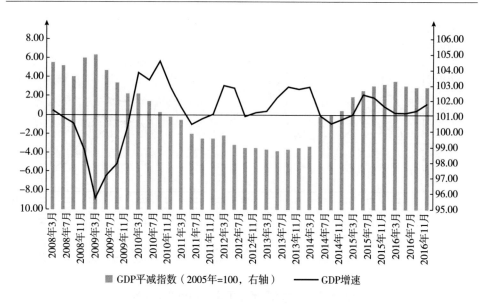

图 3-12　日本 GDP 增速与 GDP 平减指数

资料来源：CEIC。

本银行的先河。首先，将基准利率目标由 0.1% 下调至 0～0.1%，标志着央行再度实施零利率政策（见图 3-13）。

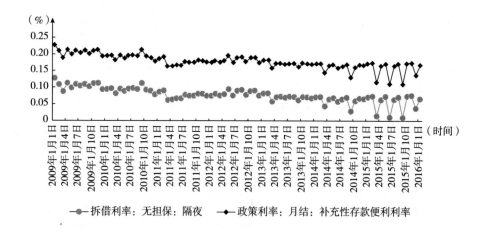

图 3-13　日本政策利率

资料来源：CEIC。

其次，推出资产购买计划，计划在 2011 年底前购买 35 万亿日元的国债等金融资产，涉及资产包括日本政府债券（JGBs）、国库券、商业票据、企业债券、交易所交易基金（ETFs）和日本房地产投资信托基金（J-REITs）等。资产购买计划一经推出规模便不断扩大，到 2012 年底，该计划规模已经从最初的 35 万亿日元扩张至 101 万亿日元。最后，设立通胀目标，承诺零利率政策将一直实施到能够判定物价稳定时为止。日本央行资产负债表规模从 2010 年 9 月 30 日的 121 万亿日元扩张到 2013 年 3 月 31 日的 164 万亿日元，约为原有规模的 1.36 倍；其中政府债券从 76.7 万亿日元增加到 154.4 万亿日元；贷款（对存款保险公司的贷款除外）的规模从 36.1 万亿日元降至 25.5 万亿日元（见图 3-14）。

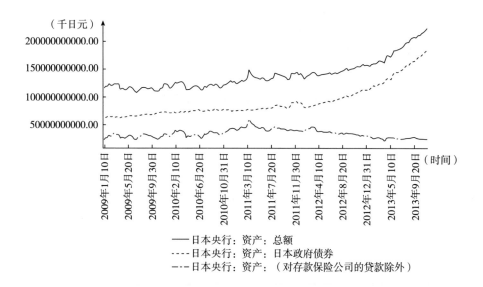

图 3-14　日本央行总资产和主要资产的变化情况

资料来源：Wind。

从央行的资产结构来看，2010 年 9 月，政府债券和贷款（对存款保险公司的贷款除外）两者合计占比 93.18%，其中政府债券占比 63.3%，存贷款占比为 29.9%；到 2013 年 3 月，两者的占比降到 91.8%，其中政府债券占比 76.3%，增加了 13 个百分点；存贷款占比降为 15.5%，下降 14.4 个百分点。公司债券从

0.01%增加到 1.76%（见图 3-15）。

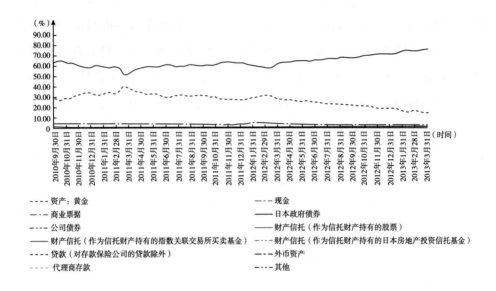

图例：
- ---- 资产：黄金
- --- 商业票据
- --- 公司债券
- —— 财产信托（作为信托财产持有的指数关联交易所买卖基金）
- ---- 贷款（对存款保险公司的贷款除外）
- ---- 代理商存款
- ——— 现金
- —— 日本政府债券
- —— 财产信托（作为信托财产持有的股票）
- ---- 财产信托（作为信托财产持有的日本房地产投资信托基金）
- —— 外币资产
- ——— 其他

图 3-15　日本央行资产结构变化情况

资料来源：Wind。

2. 零利率与 QQE 量化宽松政策

2012 年 11 月，时任首相野田佳彦宣布解散众议院重新选举，以安倍晋三为首的自民党在选举公约中明确提出"以摆脱通货紧缩、日元升值为首要任务，实现名义 GDP 超过 3%增长的目标"。其中在通货紧缩、日元升值对策中，主要提出两项举措：一是设定明确的物价目标，为达成此目标可以修改《日本银行法》，强化政府与日本银行的合作协调，实施大胆的货币政策；二是创设财务省与日本银行及民间企业参与的"官民协作外债基金"，可用于购买外债等。"安倍经济学"由大胆的宽松货币政策、积极灵活的财政政策和经济增长战略"三支利箭"组成。货币政策是第一支箭，因此日本政府持续对日本银行施加重压，如"日本银行应承担实体经济的责任，将充分就业纳入货币政策目标"，与日本政府共同努力，改变因汇率而丧失的企业竞争力等。在政府引导和压力下，日本银行正式开启了"通货再通胀"政策实践。

2013 年 4 月，日本银行推出质化量化宽松政策（QQE），具体操作框架为三个重要的领域：一个目标、两个操作。在目标上，是以再通货膨胀为目标，即将消费者价格指数同比上升 2% 作为政策目标。在操作上分为数量操作和质量操作，数量操作将金融市场操作目标从无担保隔夜拆借利率调整为基础货币，大幅增加长期国债保有量。质量操作是将长期国债购买对象从以往的最长 3 年期扩充至包括 40 年期在内的所有期限的长期国债。增加实物资产保有量，增加交易所上市交易基金（ETF）和不动产投资信托基金（J-REIT）。提前进入无限量化宽松阶段，主要包括以下内容：

第一，引入基础货币控制目标。货币市场操作目标由原来的盯住无担保隔夜拆借利率转变为盯住基础货币，日本央行宣布基础货币将以每年 60 万亿~70 万亿日元的速度增加。实践中，基础货币余额从 2013 年 4 月的 149.5 万亿日元增加到 2016 年 12 月的 426.4 万亿日元，月均同比增长 34.5%（见图 3-16）。

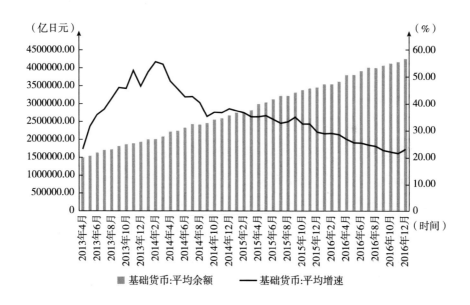

图 3-16　日本基础货币余额及其增速

资料来源：Wind。

第二，增加日本政府债券的购买量。终止原来的资产购买计划（原定于

2013 年底到期），从 2013 年 4 月开始，每月购买 7.5 万亿日元的日本政府债券，每年的购买规模在 50 万亿日元左右（见图 3-17）。同时，购买国债的期限进一步放宽，包括 40 年期在内的各种期限国债都在购买之列，其中 1~5 年期和 5~10 年期国债为重点购买品种。通过该操作，日本央行将购买的日本国债的剩余期限从原来的不足 3 年延长至 7 年左右。

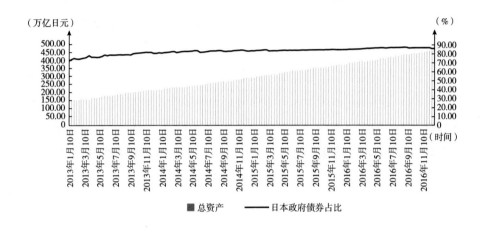

图 3-17　日本央行总资产与政府债券占比

资料来源：Wind。

第三，扩大交易所交易基金和日本房地产投资信托基金的购买量。在新计划下，日本央行预计两种资产的年购买量分别为 1 万亿日元和 300 亿日元，而此前资产购买计划中的年购买量分别为 0.5 万亿日元和 100 亿日元。

第四，提前进入"无限期"量化宽松阶段，日本央行宣布除非实现 2% 的通胀目标，否则将会持续进行以上政策操作，这实际上将此前日本央行宣布 2014 年 1 月开始实施的"开放式资产购买措施"提前到 2013 年 4 月进行。

QQE 政策实行之后，日本银行资产负债表迅速扩张，资产规模从 2013 年 4 月初的 162.83 万亿日元增加到 2016 年 12 月底的 476.5 万亿日元，总资产增加了 313.67 万亿日元，增长幅度达到 192.64%。其资产扩张路径主要为：一是大量购买政府债券，政府债券占比从 78.43% 增加到 86.15%（见图 3-17）；二是加大信托财产持有的指数关联基金购买，央行持有信托财产持有的指数关联基金规模从 2013 年 4 月的 1.54 万亿日元增加到 2016 年末的 11.14 万亿日元，增加了 623.38%（见图 3-18）。这期间，尽管央行的贷款规模也从 25.49 万亿日元增加到 39.77 万亿日元，但央行总资产的占比却从 15.5% 下降至 8.35%（见图 3-19）。

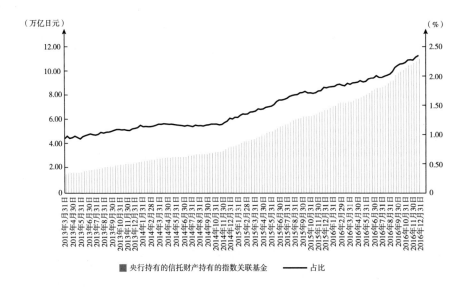

图 3-18 日本央行持有的信托财产持有的指数关联基金及其占比

资料来源：Wind。

除以上措施外，日本央行还采取了一些其他辅助措施，如将面向东日本大地震灾区金融机构的基金支持操作期限延长一年，加强同市场参与者的沟通，将建立与市场参与者深入对话的论坛，加强与货币操作和货币交易更广泛的沟通。

四、实施负利率与 QQE 政策，"量化、质化"向"量化、质化和利率"转化

作为"安倍经济学"的重要组成部分，量化宽松政策在刺激经济尤其是刺激短期经济方面被赋予重任。从实际执行效果来看量化宽松政策的确发挥了一定

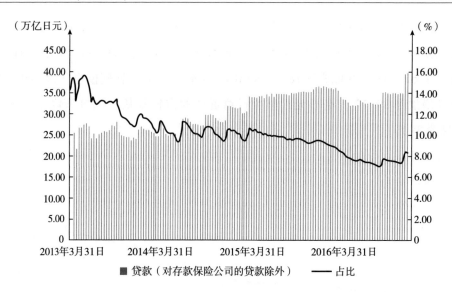

图 3-19　日本央行持有的对保险公司外的贷款及其占比

资料来源：Wind。

作用。在量化宽松政策的推动下，日本的通货膨胀率自 2013 年 6 月转正后逐步
回升，从 2013 年 11 月至 2014 年 3 月基本维持在 1.5% 左右，受 2014 年 4 月消费
税上调影响，日本通货膨胀率在 2014 年 5 月曾一度升至 3.7%。量化宽松政策刺
激了日元大幅贬值带动出口，2014 年第一季度出口同比增速为 6.6%。然而，量
化宽松政策为日本经济带来的负面效果也是显而易见的，日本经济对其依赖程度
越来越大，但政策的边际效果却越来越小，如果扣除税费增长对价格的提振作用
后，通货膨胀离日本央行制定的 2% 目标仍有一定差距。日元贬值对出口的刺激
效果逐渐下降，2014 年第二季度出口同比增速只有 0.1%。同时，日元贬值造成
日本进口商品价格大幅上升，使日本贸易逆差连创新高、居民生活和企业生产成
本负担加重，财富效应对消费刺激并不显著，从而对消费和投资形成抑制。2014
年日本实际 GDP 增速仅为 0.04%，几乎停滞。2015 年，日本 CPI 增长仅为
0.5%，远未达到 2% 的通胀目标。同期，日本贸易收支呈现赤字状态，规模达
2.83 万亿日元，已连续 5 年呈现赤字状态。2016 年 1 月货币政策委员会投票决
定以 2% 的通货膨胀率为最终目标，将货币政策从"量化、质化"向"量化、质

化和利率"转化。

负利率政策的内容。负利率政策的对象是日本央行资产负债表活期存款账户中的部分存款。"负利率"政策推出前，日本央行活期存款账户实行两层利率支付体系，支付利率分别为0%和0.1%。政策推出后，活期存款账户的支付利率被调整为三层，在原来0%和0~1%的基础上，增加了-0.1%一层。这意味着商业银行将为部分活期存款缴纳0.1%的负利率。调整后活期存款账户的利率支付体系如下：

第一层：基础余额部分使用0.1%的利率。基础余额主要由商业银行的超额准备金组成，这些资金主要根据2015年1~12月各金融机构超额准备金平均余额计算。并且这一账户是有规模上限的，大约在210万亿日元。设定基础余额的目的是为了明确负利率政策的实施对象为2016年新增的超额准备金。

第二层：宏观附加余额部分，使用零的利率。宏观附加余额主要包括：金融机构缴纳的法定存款准备金、支援贷款基金以及支援灾区准备金，负利率政策推出后，其规模一直稳定在40万亿日元左右。

第三层：政策利率余额部分使用-0.1%的负利率。政策利率余额包括了不属于以上两类资金的所有资金。在每年新增80万亿日元基础货币的情况下，政策利率余额存在不断攀升的压力。如果商业银行不及时减少超额准备金规模，负利率活期存款准备金不断扩大，银行的利息支付成本也就相应提高。

日本央行围绕新的调控政策搭建了"利率走廊"机制。"利率走廊"的上限是日本央行的互补性贷款便利工具利率，下限是补充性存款便利工具利率，即超额准备金支付利率（见图3-20）。负利率政策传导通畅需要有两个前提：一是货币市场主体对"利率走廊"下限的调整足够敏感，这在超额准备金规模较大的背景下容易实现；二是货币市场利率的变动能够传导至债券和贷款市场，这需要较为发达的金融市场作为基础，以确保各个市场利率具有较强的关联性。

负利率政策实行之后，日本银行资产负债表继续扩张，资产规模从2016年1月初的385.93万亿日元增加到2020年5月底的638.59万亿日元，总资产增加了252.66万亿日元，增长幅度达到65.5%。从主要资产结构来看，政府债券占比

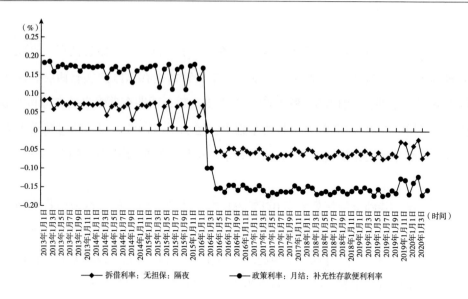

图 3-20　日本政策利率

资料来源：Wind。

从 84.3% 下降至 78.2%（见图 3-21），不过期间的高点为 2016 年 8 月底的 87.58%；对信托财产持有的指数关联基金购买步伐加大，央行持有规模占比从 2016 年 1 月的 1.79% 增加到 2020 年 5 月底的 5.05%，基本呈持续增加趋势；贷款占比基本在 9% 左右波动，但是为了应对新冠肺炎疫情，从 2020 年 4 月开始，贷款①比例迅速增长，主要是增加了为应对新型冠状病毒而提供特别资金的业务，规模约是原来的 3 倍。

　　负利率政策实施后，日本市场短期利率迅速下降。同时，在国债购买计划的操作下，金融机构大量购买持有长期国债，也导致了长期国债收益率急剧下降，从 2018 年 12 月开始，新发十年期国债收益率已降为负值（见图 3-22），到 2019 年 8 月达到 -0.28%。作为利率风向标，在负利率政策实施后所有期限的国债收益率均出现了大幅度的下降，诸多国债收益率均突破了历史最低水平。

---

　　①　日本央行的贷款资金支持业务包括：支持灾区金融机构的资金、2016 年熊本地震灾区的资金支持和应对新型冠状病毒而提供特别资金业务。

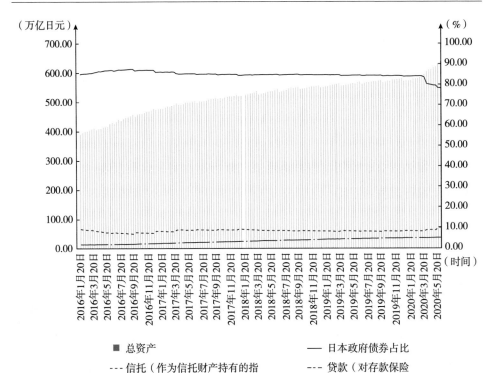

图 3-21 日本实施负利率政策后央行的资产负债

资料来源：Wind。

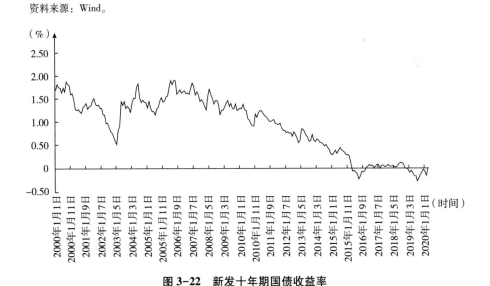

图 3-22 新发十年期国债收益率

资料来源：CEIC。

第三节 日本超低利率政策的实施效果

一、量化宽松政策初期较好地解决了银行不良贷款，但后期"负利率"政策降低了银行的盈利空间

前期稳定金融市场的作用较为明显。广场协议后，日本在扩大内需的同时，推进金融自由化，但监管不足，泡沫破灭后形成大量银行不良债权，亚洲金融危机进一步恶化了金融生态。尽管日本银行通过补充银行资本、资产购买、债务担保和存款保险制度避免了一些金融机构的破产，但到 2002 年 3 月日本银行的不良贷款率仍高达 8.4%（见图 3-23）。实施量化宽松的货币政策后，日本央行通过改变资产负债表结构，为金融机构提供大批高安全性的零利率资金（见图 3-24），为银行获得低成本资金创造了条件。商业银行通过自身资产负债的结构调整，不良资产问题逐步得到有效解决，银行业的不良贷款率持续走低，到 2019 年 3 月仅为 1.1%。

后期的"负利率"造成银行利润损失。2016 年 1 月，日本央行对商业银行政策利率余额部分存款使用-0.1%的负利率。2016 年 4 月，日本央行活期存款账户平均余额为 275.83 万亿日元，其中"负利率"活期存款平均余额为 21.23 万亿日元，占比为 7.7%，如果以 4 月平均余额计算，"负利率"造成的损失为 400 亿日元。此外，银行利息收入变窄，2015 财年，日本五大行净利息收入增速为 -1.76%，较 2013 财年和 2014 财年的平均值下降 7.27 个百分点。银行的盈利水平也在下降，2015 财年，日本五大行净利润增速平均为-9.21%，而 2013 财年和 2014 财年的平均净利润增速为 5.07%，降幅达 14.28 个百分点。在"负利率"环境下，日本银行业的资产和负债端利率水平都在下降，资产端的下降幅度大于负债端，利率的不平衡下降减少银行的净利息收入，逐步侵蚀银行业的利润。

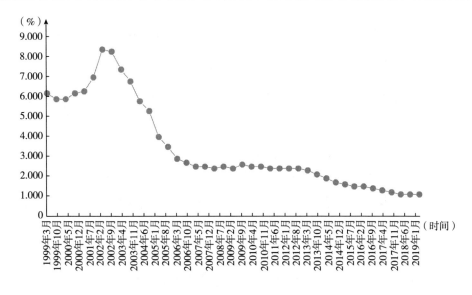

图 3-23 日本银行的不良贷款率

资料来源：CEIC。

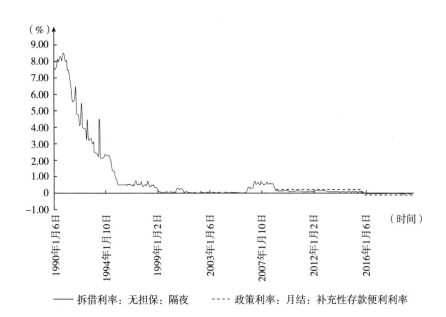

—— 拆借利率：无担保：隔夜   - - - - 政策利率：月结：补充性存款便利利率

图 3-24 政策利率：目标利率

资料来源：CEIC。

二、商业银行贷款意愿低下，央行资产扩张的政策目标部分被商业银行的资产结构调整抵免

日本央行资产负债表前期以结构调整为主，后期更多的是依靠规模扩张。1999 年 2 月至 2000 年 8 月，日本推行零利率政策。日本央行的资产从 79.72 万亿日元增加到 88.54 万亿日元，增长了 8.82 万亿日元，增长幅度为 11.1%，历时 18 个月。政府债券占比从 59.38% 增加到 71.35%，资产结构的波动大于资产规模的波动。2001 年 3 月至 2006 年 3 月，日本推行零利率与量化宽松的货币政策，日本央行资产从 113.55 万亿日元增加到 144.6 万亿日元，增加 31.05 万亿日元，增长幅度为 27.3%，历时 60 个月，这一阶段日本央行资产的规模和结构变化相对平稳。在此之后，随着首轮量化宽松政策的退出，资产负债表有所收缩，一直保持到美国金融危机爆发。2009 年 1 月至 2013 年 3 月，日本央行实施零利率与加码量化宽松的货币政策，即第二轮量化宽松的货币政策，这时央行的资产负债表仍以结构调整为主，政府债券占比开始下降，基本在 50% ~ 60% 徘徊，对金融机构的贷款迅速增长到 30% 多。2013 年 4 月至 2016 年 1 月，日本央行开始实施量化质化宽松的货币政策，央行的资产规模开始迅速扩张，到 2016 年 1 月 20 日已经达到 389.6 万亿日元，较 2013 年 3 月底的 164.3 万亿日元增加了 225.3 万亿日元，增长幅度达到 137%，而且政府债券占比也开始迅速上升，接近 85%，这次央行资产变化是规模与结构并重。2016 年 1 月之后，开始实施负利率与 QQE 政策，由"量化、质化"向"量化、质化和利率"转化，资产规模继续扩张，但增速有所放缓，政府债券占比变化不大，即资产变化主要以规模扩张为主。自新冠肺炎疫情暴发以来，从 2020 年 3 月开始，央行资产扩张步伐又开始加快（见图 3-25），但国债占比开始下降。

贷款在商业银行资产中的占比呈逐步下降趋势。从 1999 年开始实施零利率以来，日本商业银行贷款在其资产中的占比就呈逐步下降趋势，从 1999 年 2 月的 61.85% 下降至 2020 年 4 月的 45.56%；期间只有 2000 年 3 月达到 61.89%（见图 3-25），超过 61.85%。主要原因是市场缺乏足够的投资机会，贷款意愿低下，贷款资产的增长速度低于银行总产值的增长速度。

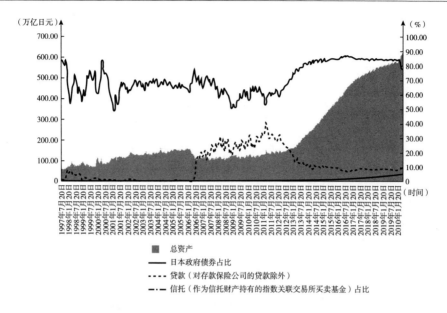

图3-25　日本央行资产及主要结构变化

资料来源：Wind。

与此同时，国债在银行资产中的占比在增加，具体分为两个阶段：第一阶段是1999年3月至2004年5月，经历了第一个国债扩张周期，从期初的3.93%增加到14.63%，之后下降至2008年3月的10.48%。第二阶段国债扩张期为2008年4月至2012年6月，从期初的11.43%增加到19.58%。这一扩张时期基本与央行对商业银行贷款大幅增加期重叠，商业银行对国债的增加额高达81.24万亿日元，而央行对商业银行的贷款仅为10.5万亿日元。在这期间，央行的国债持有额呈波动下降趋势。可以说，若忽略央行对商业银行的贷款支持对象差异影响外，央行对商业银行的贷款支持基本变为商业间接持有国债（见图3-26）。2012年7月后，央行更多地表现为对国债的直接购买，央行资产的国债占比迅速增加，而商业银行国债资产占比在逐步下降，到2020年4月为5.42%。

总体来看，央行对商业银行的贷款支持部分间接地变为商业银行的国债增持，央行通过资产扩张以增加商业银行对实体经济贷款支持的政策目标部分被商

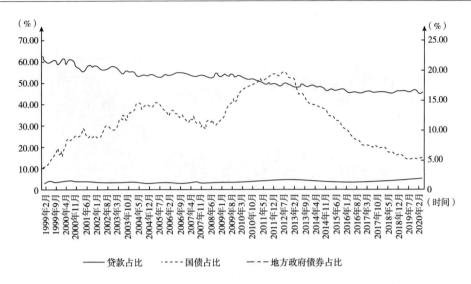

　　　　　　——贷款占比　　····国债占比　　----地方政府债券占比

图 3-26　日本商业银行的贷款和国债占总资产比重

资料来源：Wind。

业银行的资产结构调整所抵免。这说明，日本银行给经济注入的大量流动性货币，流到金融机构后又回流到日本银行，货币流动性并没有进入实体经济领域。

三、持续量化宽松货币政策的边界效果在减弱，私人投资对利率下降不敏感

　　量化宽松货币政策效果在逐步减弱。在首次实践量化宽松货币政策的 2001～2006 年，日本基本贷款利率下降明显，其间基本稳定在 0.1%，商业银行在央行的存款准备金也基本稳定在 20 万亿日元左右。特别是随着不良资产问题的解决，金融机构逐渐恢复中介功能，在外部需求增强的带动下，日本经济开始复苏，2004 年 GDP 增长率达 2.3%，GDP 产出缺口逐渐由负转正，2006 年物价也开始上涨，政策效果相对明显。从 2009 年 1 月开始，日本央行再次实施量化宽松的货币政策，与上次不同，尽管本次量化宽松政策实施的力度在不断加码，并从 2016 年 3 月开始实施负利率，但日本基本贷款利率基本维持在 0.3%，高于实施第一轮量化宽松货币政策的基本贷款利率的 0.1%，且实施负利率政策对基本贷

款利率没有影响（见图3-27），基本贷款利率仍维持在0.3%。不过，日本央行通过对大量长期国债的购买，压低了长期国债收益率，长期贷款利率在实施第二轮宽松货币政策期间也较第一轮有所下降。其中，在2016年开始实施的负利率政策影响下，长期贷款利率从实施前的1.1%快速下降至0.95%，后来基本稳定在1%。

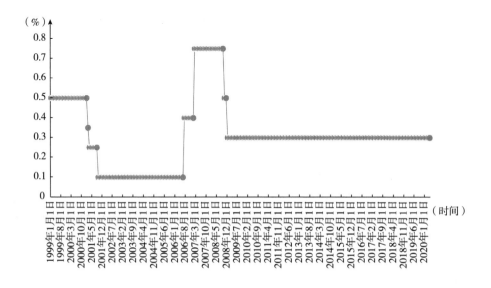

图3-27 日本基本贴现率和基本贷款利率

资料来源：日本银行。

尽管两轮量化宽松的货币政策都压低了长期贷款利率（见图3-28），改变了人们对未来短期和长期利率水平的预期，带动金融市场风险报酬的下降，降低了企业的潜在融资成本，但是从私人投资来看，其对利率的下降并不敏感，主要原因在于市场需求和风险收益对私人投资的影响更大。实施第一轮量化宽松货币政策期间，私人投资占GDP比重仅从2001年的19.86%上升到2006年的20.01%，私人投资的年平均增速为0.15%（2011年不变价格），最高增速是2005年的6.56%。2007~2010年，随着第一轮量化宽松政策的退出和美国金融危机的影响，日本的私人投资连续负增长，2009年的降幅达到-13.95%，占GDP比重在

2010 年降至 16.34%。这在一定程度上说明货币政策的宽松和紧缩对经济的影响是不对等的，紧缩影响大于宽松影响。自实施第二轮量化宽松货币政策以来，私人投资占 GDP 比重从 2010 年的 16.34%上升到 2019 年的 18.92%，尽管没有达到实施零利率政策时 1999 年的 19.75%，但私人投资的年平均增幅为 1.64%，高于第一轮 1.49 个百分点，这主要源于第二轮除宽松的货币政策外，还有财政政策和直接刺激民间投资政策的共同作用效果。不过私人投资占 GDP 最高点为 2013 年的 4.42%，年最高增幅较第一轮有所下降（见图 3-29）。

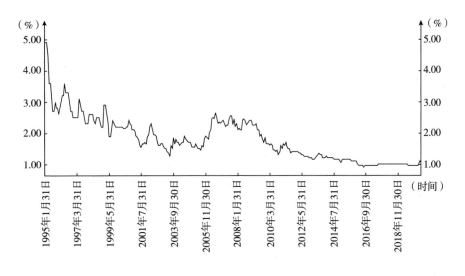

图 3-28　日本长期贷款利率

资料来源：Wind。

就商业银行的政策反应看，从 2013 年实施的量化质化宽松的货币政策开始，伴随着央行国债的不断增加，市场的流动性供给不断增加，但金融机构的风险预期变化滞后于流动性供给和资产价格修复，金融机构的贷款选择仍较谨慎，商业银行在央行的存款也开始迅速增加（见图 3-30），商业银行资产中的占比呈逐步下降趋势，大量的流动性还是没有进入实体经济，持续量化宽松货币政策效果在逐步减弱。

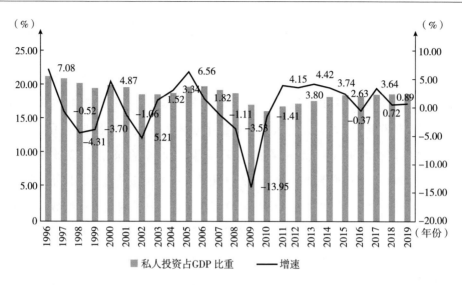

图3-29 日本私人投资占 GDP 比重及其增速

资料来源：Wind。

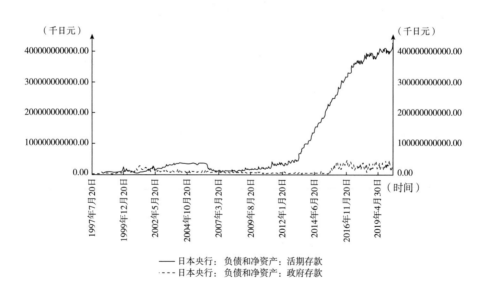

图3-30 政府与金融结构在日本央行的存款

资料来源：Wind。

四、前期的汇率升值和后期的持续通缩基本缓解，但消费增长依旧低迷

日元汇率持续升值的局面不复存在，出口随着汇率的波动变化明显。自 1995 年以来，随着国内利率的持续走低，日元汇率持续升值的局面基本结束。1995 年 4 月至 1998 年 8 月，日元的名义有效汇率总体处于贬值阶段，日元名义有效汇率指数从期初的 96.64（2010 年为 100）下降到期末的 68.38。受亚洲金融危机影响，1998 年 9 月至 1999 年 12 月，日元进入一个快速升值期，日元有效汇率指数又达到 96.29。从 2000 年 11 月至 2008 年 7 月，日元有效汇率指数从期初的 96.71 下降到 77.69，可以说在日本实施第一次量化宽松货币政策期间，日元持续贬值（见图 3-31）。在此期间，受日元贬值和国际需求旺盛影响，日本出口大幅增加，2002~2007 年，日本出口的年平均增幅为 12.20%（见图 3-32）。美国金融危机后，各国都实施宽松货币政策，日元名义有效汇率快速升值，升值趋势一直保持到 2012 年 7 月底。此后，受美国等国家逐渐退出量化宽松货币的影响，日本的宽松货币政策则在加码，变为量化质化宽松的货币政策，日元又开始贬值，到 2015 年 6 月底日元有效汇率指数降到 74.37。2013~2015 年，日本出口的平均增速为 -41.75%。此后，日元名义有效汇率又呈波动升值趋势，出口也呈现大幅的波动。

基本走出持续通缩阴影。日本的通货紧缩被很多学者认为是其经济长期低迷的根源。关于通货紧缩原因，有的认为是结构性原因所致，有的认为是货币政策的结果。日本通缩始于 1999 年，此时日本已开始实施零利率政策，但是直到 2004 年的最后一个季度消费者价格指数才实现连续 3 个月上升。此后，随着零利率与量化宽松货币政策的持续推行，日本的消费者价格指数在 2006 年连续 8 个月实现正增长。不过，随着第一轮量化宽松货币政策的退出，2007 年前 9 个月日本消费者价格指数又处于下降通道。从 2007 年 10 月开始一直到 2008 年底，日本的消费者价格指数持续增长（见图 3-33），这让人们看到了摆脱通缩的希望，当然这可能与国际油价上涨的供给冲击有关。但是，随着美国金融危机导致的世界需求萎缩，2009 年初至 2011 年末，尽管日本已经开始实施第二类量化宽松的货币政策，但通缩的阴影依旧挥之不去，消费价格指数基本上呈下降趋势。

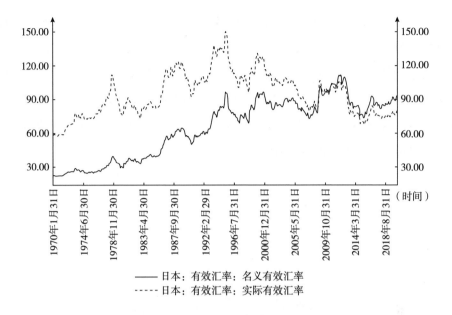

图 3-31 日元有效指数变化趋势（2000 年为 100）

资料来源：Wind。

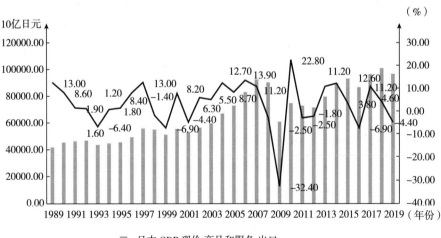

图 3-32 日本出口变化情况

资料来源：Wind。

此后，消费价格指数在 2012 年初经历短暂的 4 个月上升后，又保持下降趋势，一直持续到 2013 年 5 月。从 2013 年开始，随着量化质化宽松货币政策的实施以及"安倍经济学"灵活财政和鼓励投资政策的综合推进，日本的消费者价格指数又恢复增长，尤其是 2014 年各月增幅都非常明显，2014 年 5 月高达 3.7%。此后，尽管在 2016 年上半年消费者价格指数有所下降，但总体上升的趋势不可改变，可以说日本基本走出多年通缩阴影。

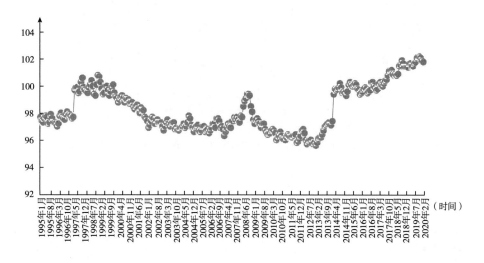

图 3-33　日本消费价格指数（2015 年＝100）

资料来源：日本统计局。

从这里可以看到，日本两轮量化宽松的货币政策对改善通货紧缩都起到了一定的作用，只不过第一轮的作用不长久，被金融危机所打断。第二轮，尤其是自 2013 年以来的质化量化宽松货币政策，可以说基本结束了日本通缩的历史。这也从实际有效汇率和名义有效汇率的关系可以看出，从 2013 年开始，日本的名义有效汇率已经位于实际有效汇率的上方，这说明日本的一揽子贸易品价格的平均增长率已经快于其主要贸易伙伴的加权价格变化率（见图3-34）。

资产价格基本得到修复。日本经济的低迷始于资产泡沫破灭，日经指数从

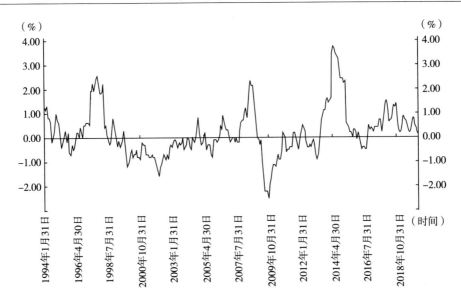

图 3-34 日本消费价格指数（当月同比）

资料来源：Wind。

1989 年 12 月 29 日的高点 38915.87 点快速下降到 1992 年 7 月 31 日的 15910.28 点后，继续保持平台型整理近 6 年多。不过，在推行零利率政策的 1999 年 2 月至 2000 年 8 月，日经指数有一波小幅的上涨，从 14367.54 上涨到 16861.26，上涨幅度约 17.4%。此后，在首次开始推行量化宽松货币政策的初期，日经指数还是突破前期的整理平台往下探底，到 2003 年 4 月 30 日，日经指数降到 7831.42，仅为历史高点的 20%。在阶段性底部确定后，量化宽松政策对股市的影响开始显现，股市出现一波持续长达四年多的上涨，到 2007 年 6 月 29 日，日经指数达到 18138.36 点，相对前期低点涨幅高达 131.6%。这一波股市上涨可以说既与量化宽松的货币政策有关，也是全球经济形势和全球资本市场共同影响的结果。但在 2008 年金融危机后，日经指数再次开始暴跌，到 2009 年 2 月 27 日再创新低到 7568.42 点。此后一直到 2012 年 11 月底，日本股市一直在 8000~10000 点低位徘徊。从 2012 年底开始，也就是稍微早于 2013 年的量化质化宽松的货币政策起步，日经指数开启了新一轮上涨，且上涨趋势一直持续到现在，其中在 2019 年底达到 16088.2，较前期低点涨幅也达到翻番（见图3-35）。可以说自2012年底以来的这一波上涨，与量化质化宽松货币政策密切相关，尽管现在的日经指数距历史仍有较大差距，但这种持续上涨使资产价格基本得到修复。

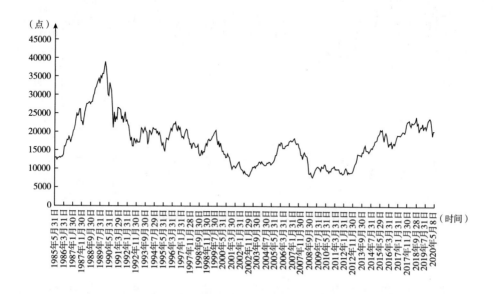

图3-35　日经指数变化趋势

资料来源：CEIC。

消费低迷的态势没有根本改变。就私人消费与GDP关系来看，自1999年以来日本的消费可以分为三个阶段。第一阶段为1999~2008年的缓慢上升阶段。按现价计算，私人消费占GDP比重从1999年3月的54.62%增加到2008年12月的56.7%（见图3-36）。1999~2008年，日本私人消费不变价格年平均增速仅为0.98%，低于同期GDP平均增速（1.18%）。第二阶段为2009~2014年，以不变价格计算消费占GDP比重为高位徘徊阶段，具体从2009年3月的58.62%增加到2014年3月的59.74%；但造成消费占比高位的原因不是消费增长，而是GDP的大幅下降。但是，按2011年不变价格计算，私人消费占GDP的比重却从57.65%下降到56.61%，这说明消费品的价格相对非消费品价格增长较多，或者说价格下降程度相对低一些，通货紧缩主要是由非消费品下降引起的。第三阶段为 2015~2020 年，属于快速下降阶段，私人消费占 GDP 比重从高点 59.75% 下降到 2020 年 3 月的 54.69%。造成下降的原因，一是消费增速继续下降，相对于1999~2008 年的消费平均增长水平，2009~2019 年私人消费的不变价年平均增速仅为 0.64%，年均增幅较 1999~2008 年的增速下降幅度近 50%。二是 GDP 增速明显提升，2009~2019 年 GDP 年实际增速平均为 1.27%，高于前期的 1.18%，消费增速与 GDP 增速进一步扩大。

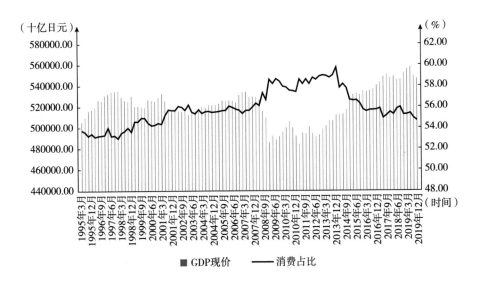

图 3-36　日本消费占 GDP 比重

资料来源：Wind。

总之，我们可以看出，包括第二轮量化宽松货币政策在内的综合经济措施，有效地修复了资产价格，走出了通缩阴影，GDP 增速也有所提高，但私人消费仍较低迷（见图 3-37）。这可以在一定程度上说，消费价格的增长不是由实际消费增长驱动，而主要是量化宽松政策的货币性结果或者是价格预期变化的结果。

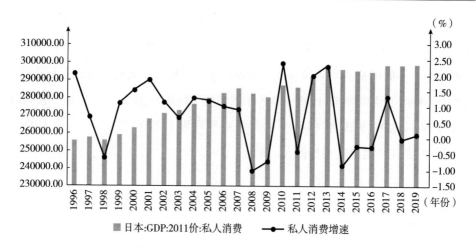

图 3-37　日本的居民消费及其增长率

资料来源：Wind。

第四节　日本实施超低利率政策对我国的启示

一、日本超低名义利率的成因复杂，持续超低利率降低了货币政策应对外部冲击的经济调节能力

日本名义利率的下降虽起始于应对泡沫破灭后的经济低迷，但持续的下降，并能长期保持超低水平则另有原因。首先，表面上看 20 世纪 90 年代日本经济泡沫对经济影响属短期行为，危机过后经济应能很快复苏，但实际上泡沫破灭则是日本经济的一个发展模式的终结，或者说是一个发展阶段的拐点和另一个发展阶段的起点。伴随着日本泡沫破灭是国际经济形势和全球产业竞争的重大变化，日本原来引以为傲的机械制造、汽车、电器和电子工业等产业逐渐失去竞争力，原来具有比较优势的企业组织管理方式和劳资关系也成了新兴产业发展的绊脚石，国内劳动力萎缩、生产率增长缓慢成为常态，资本边界产出逐步走低，本土投资意愿低迷，日本投资者的强烈本土偏好，加上全球储蓄过剩以及旨在促进贸易顺差的储备积累政策，致使日本的均衡实际利率长期处于非常低的水平。其次，利率在调节总供需平衡方面弹性不足，利率有限调整导致总需求不断萎缩，产品价格不断下降，并最终形成通缩预期。在实际利率变化有限的情况下，通缩预期进一步压低名义利率，而名义利率下降受到下限制约后，货币政策调节经济冲击的主动性和灵活性的能力受到极大的制约，即使是实施了负利率政策，其实仍然没有有效解决利率下限的制约问题。最后，日本低利率政策与政府的持续赤字和高负债率分不开。受利率下限制约，在货币政策作用难以正常发挥的情况下，日本更多依靠财政政策来调节经济，结果使日本的债务负担率和债务依存度逐步走高，在 2019 年分别达到 160% 和 30%。但是与多数国家不同的是，日本的高负债率没有引起国债的高风险溢价，国债发行收益率却继续走低，主要原因是日本央行对国债的大量购买，日本一半以上的国债是由日本央行持有①，这说明在传统货币政策传导机制因利率下限受阻后，日本采取赤字货币化的途径，绕道财政政策来建立新的货币传导途径。持续的低利率政策是政府缓解债务压力，降低国债发行价格和弥补传统货币政策传导机制失灵的必然选择。尽管日本实施持续超低利率政策有其客观和主观原因，但持续的超低利率政策降低了货币政策应对外部冲击的经济调节能力，其负面效应开始逐步显现。

就我国而言，资本边际产出也在下降，投资的不确定性在增加，实际利率走低的趋势将不可避免。名义利率的调整要与通胀预期相协调，切实避免名义利率的过快和不对称下降，不但不利于引导通胀预期，反而会扭曲市场利率的价格水平，也限制了货币政策应对后续经济冲击的作用空间。

二、货币政策必须与金融政策相协调，要考虑到金融市场的适应能力

日本经济泡沫破灭直接源于外部冲击下的货币政策调控失误，但深层次根源在于 20 世纪 80 年代的金融自由化及相应的监管滞后。为了应对日元升值影响，日本采取了扩大内需的战略，实施了相对宽松的货币政策，但是与此叠加的是金融自由化和金融监管的滞后。"宽松货币政策+金融自由化+金融监管滞后"成为

---

① 2019 年 12 月 31 日，日本央行持有的国债占存量国债的比重为 53.7%。

日本资产泡沫膨胀的乐土，在经历了一段过度繁荣后，资产价格的快速上涨，很快突破了社会承受上限。迫于各种压力的货币政策快速紧缩，不但刺破了资产泡沫，也给金融市场和金融机构带来了极大的冲击和震荡，并因金融中介功能缺失向实体经济传导，最终成为日本经济长期低迷的导火索。可以说日本 20 世纪经济泡沫的产生和破灭，源于货币政策和金融政策的不协调。

无论哪种传导渠道，货币政策的有效实施都离不开金融中介和金融市场，金融监管是货币政策有效实施的前提和保证。货币政策不同操作机制对金融监管和市场监测要求不同，价格型操作更需要行为监管，数量型操作更强调功能监管，但都离不开必要的金融基础设施建设。日本量化宽松货币政策兼有数量型和价格型特点，货币政策实施更需要金融政策的配合，如量化宽松的力度，就需要对负利率政策的存款账户监管等。日本以及国内很多学者认为日本第一次零利率政策和量化宽松货币政策退出的时机不对，一个重要原因就是日本的金融监管部门和央行对国内通缩形势认识不一致。对我国而言，正处于货币政策从数量型调控为主向价格型调控为主转型阶段，需要健全中央银行货币政策决策机制，完善基础货币投放机制。强化货币政策、宏观审慎政策和金融监管协调，进一步健全货币政策和宏观审慎政策双支柱调控框架，把保持币值稳定和维护金融稳定更好地结合起来，建立全面统一、协调有效的监管框架。

三、把握好货币政策的操作力度，区分货币政策的长期作用和短期效果

目前，大部分国家是通过立法的形式赋予央行独立操作货币政策的职能，同时明确货币政策的主要目标和功能。尽管各国货币政策目标有所差异，但几乎都有稳定物价的目标，有的有稳定长期利率和就业最大化目标，有的有维持信用秩序的功能。总体来看，货币政策的不同功能目标差异，一是体现了各国经济发展和金融市场的差异，二是源于各国对货币政策对经济作用的认识不同。事实上，货币政策的功能也可以分为长期作用和短期效果，长期作用主要根据经济发展对货币的需求，保持与之相协调的货币供应量，保持市场利率稳定于均衡利率，保证经济长期平稳发展，主要体现货币政策对经济影响的中性特点，这更多的是体现在经济的供给端，属于长期性、趋势性范畴。短期效果是货币政策通过各种传导机制作用的需求调节功能，主要是针对周期性问题，体现货币政策对经济影响的非中性特点。在日本所谓"失去的20年"中，日本银行饱受指责：一是没有把握好货币政策宽松和紧缩的力度，致使泡沫产生和迅速破灭，成为后来经济低迷的导火索；二是对此后长期的通货紧缩应对不力，前期利率下降太快，致使常规性货币调节失去主动权，被迫使用非常规的零利率、量化宽松、量化质化宽松、负利率等调节政策，更主要的是忽略了短期性货币政策长期使用可能带来的不利影响。本来，日本的持续通货紧缩，属于保持价格稳定范畴，其成因既有长期性、结构性和预期性因素，也有短期性、周期性内容影响。受一些长期性因素和结构性影响，货币政策的作用相对有限，且短期影响因素或结构性影响因素的影响一旦形成稳定的预期就会变成长期性因素，增加应对措施的复杂性。日本劳动力下降，生产率增长缓慢，加上日本资本对劳动力的高比率，不佳的增长前景，抑制了国内资本投资的边际回报，实际利率下降是长期趋势，这些仅靠量化宽松的货币政策是难以解决的。

目前，我国货币政策总体相对宽松，防范金融风险的工具和手段较为充足。但需要注意的是：一是避免为了刺激经济而使利率下降太快，增加后续货币政策操作空间的难度；二是要时刻注意分析价格变化成因和货币政策实施效果，关注市场是否形成持续的通胀预期，既要关注CPI，也要关注GDP缩减指数，更要关注货币政策对资产价格的影响，保持货币政策实施的前瞻性、精准性和灵活性；三是注意区分货币政策短期作用和长期影响，避免短期政策长期化，形成对市场价格的扭曲。

四、货币政策必须与财政政策、投资政策等经济刺激政策目标相一致，形成有效的政策合力

在处理日本泡沫破灭和金融危机造成的不良债权时，日本银行、财务管理和金融厅之间差异明显[①]。日本银行的解释是：虽然日本银行已经采取了充分的金融宽松政策，但由于银行的借贷功能受不良债权问题影响，无法正常发挥作用，

---

① 片冈刚士、杨玲：《日本式量化宽松将走向何方：安倍经济学的现在、过去和未来》，机械工业出版社2016年版。

因此并没有达到预期的效果。从根本上说，即便解决了不良债权问题，金融政策在一定程度上控制住了经济状况，也不能使之恢复。现在要做的就是追加财政支出和减税，此皆为财务省之责任，而财务省却辩解道：内阁明文规定新发国债的增加额度，财政无增加发债余地。肩负稳定金融系统重任的金融厅则主张：推动不良债权问题的处理，在目前经济紧缩状况下，只能使事态越发恶化，若没有财政与金融联手促使经济复苏，则无法从根本上解决不良债权问题。由此可见，各个政策决策部门在固有理念的指导下，虽然都围绕解决经济紧缩这一共同目标去努力，却完全有可能推出南辕北辙的政策。再如，田中秀臣与安达诚司（2003）引用藤下史郎（2002）的相关论述：财务省认为实施财政政策对经济也无太大帮助，只能导致财政赤字不断扩大；日本银行则担心在财政赤字不断扩大的情况下，实施大胆的金融宽松政策并不能阻止通货膨胀。两者本应使用宏观经济政策进行调控但却放弃了，其代价便是催生了"结构改革主义"。另外，"安倍经济学"的实施，由大胆的宽松货币政策、积极灵活的财政政策和经济增长战略"三支利箭"组成，基本走出持续通缩阴影，资产价格基本得到修复，GDP 产出缺口弥补效果明显，这也说明货币政策、财政政策与投资政策相互配合的重要性。

对于我国而言，就是综合研判经济形势，积极的财政政策要更加积极有为，稳健的货币政策要更加灵活适度。有效防范化解地方政府债务风险和金融风险，地方政府举债发展必须考虑财政承受能力，地方政府保障和改善民生必须尽力而为，要守住底线，突出重点，先解决急需急迫的，再在发展中逐步完善提高。保障和改善民生要量力而行，不能脱离经济社会发展水平，要防止脱离基本国情的前提是不顾物力财力和需要的高指标，坚决杜绝任何以改善民生为名的债务风险积累行为。提高金融服务实体经济能力，坚持质量优先，引导金融业发展同经济社会发展相协调，促进融资便利化、降低实体经济成本、提高资源配置效率。

参考文献

［1］巴曙松、曾智、王昌耀：《非传统货币政策的理论、效果及启示》，《国际经济评论》2018 年第 2 期。

〔2〕保罗·克鲁格曼、茅瑞斯·奥伯斯法尔德:《国际经济学》,中国人民大学出版社 2004 年版。

〔3〕本·伯南克:《对日本货币政策的一些思考》,贾晟、刘丽编译,《河北金融》2017 年第 7 期。

〔4〕滨野洁、井奥成彦、中村宗悦、岸田真、永江雅和、牛岛利明:《日本经济史》,南京大学出版社 2015 年版。

〔5〕陈东琪:《"日本病"的启示》,《中国改革》2001 年第 8 期。

〔6〕陈作章:《日本货币政策问题研究》,复旦大学出版社 2005 年版。

〔7〕刘瑞:《金融危机下的日本金融政策》,世界知识出版社 2010 年版。

〔8〕片冈刚士、杨玲:《日本式量化宽松将走向何方:安倍经济学的现在、过去和未来》,机械工业出版社 2016 年版。

〔9〕野口悠纪勋:《战后日本经济史》,民主与建设出版社 2018 年版。

〔10〕易纲:《零利率和数量宽松货币政策是否有效?》,《中国经济观察》2009 年 2 月。

第四章　美国超低利率政策研究

第一节　美国实施超低利率政策的背景

本章将美国的超低利率政策实践效果作为主要考察对象，在对其传导有效性进行检验之前，首先需要明确超低利率政策时期的判定标准。部分学者主张将实际利率作为判断低利率政策的主要指标，认为低利率政策的实质是央行人为压低实际利率，控制信贷总量和流向（黄鑫、周亚虹，2012）。也有一些学者主张将央行存款储备金利率作为判断低利率政策的主要指标，认为超低利率政策的实质是央行对商业银行的存款征税（范志勇等，2017）。这些标准都有一定的合理性，但应注意到，美国的利率体系有不同于其他国家和地区的显著特征。

美联储将联邦基金利率定义为美联储借贷给其他储蓄机构的隔夜拆借利率，又分为联邦基金目标利率和联邦基金实际结算利率两类①。其中，联邦基金目标利率由美联储公开市场委员会（Federal Open Market Committee，FOMC）制定。FOMC 一般每年召开 8 次例会，根据经济和金融形势确定合适的利率目标，并进

---

① "Federal Reserve, Board of Governors of the Federal Reserve System", https：//www. federalreserve. gov/monetarypolicy/fomc. htm.

行相应的公开市场操作以使联邦基金实际结算利率达到既定的目标利率区间①。由此可见，联邦基金目标利率是最直接反映美联储货币政策态度的指标。

本章将联邦基金目标利率上限作为判定美国超低利率时期的最主要标准。以联邦基金目标利率上限低于或等于 1.5% 来划分，美国历史上共有三次超低利率时期，均发生在 21 世纪：第一次超低利率时期从 2002 年 11 月至 2004 年 9 月，持续时间 22 个月，最低利率 1%；第二次超低利率时期从 2008 年 10 月至 2018 年 3 月，持续时间 113 个月，最低利率 0.25%；第三次超低利率时期从 2020 年 3 月开始，截至 2021 年 1 月②，持续时间已超过 10 个月，最低利率 0.25%（见图 4-1）。

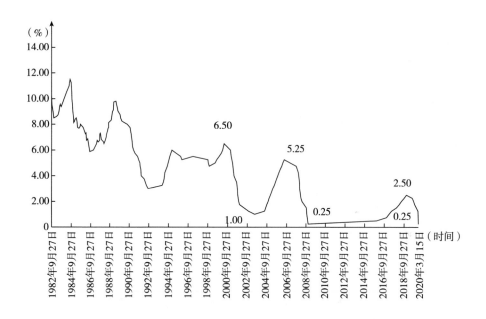

图 4-1 1982 年 9 月 27 日至 2020 年 3 月 15 日美国联邦基金目标利率上限

资料来源：Federal Reserve of United States。

---

① FOMC 共有 12 名委员，其中 7 名为美联储执行委员，1 名为美联储纽约银行主席，其余 4 名由剩余 11 家美联储分行的主席轮流担任，任期为 1 年。参见 FOMC，"Statement on Longer-Run Goals and Monetary Policy Strategy"，https：//www.federalreserve.gov/monetarypolicy/files/FOMC_ LongerRunGoals.pdf。

② 此时点为本章数据截止时间。事实上，美联储 1 月底的会议纪要显示，超低利率政策仍将持续一段时间，何时恢复取决于美国经济的恢复程度以及新冠肺炎疫情的控制程度。

确定超低利率政策时期后，首先观察政策利率第一阶段的传导效果。这一阶段有效性的判定主要根据市场利率随政策利率的变动情况。在美国市场利率体系中，影响力较大的包括美元 LIBOR、短期国债收益率、最优贷款利率等。其中，LIBOR 作为离岸美元的主导利率，受国际环境影响较大，而短期国债收益率作为金融市场无风险定价基准，更容易受到美联储政策利率的影响，是衡量政策利率传导效果最为直接的指标（王华庆、李良松，2020）。从联邦基金实际结算利率与三个月国债利率的变动情况来看，市场利率与政策利率的变动基本保持同步，印证了第一阶段传导的有效性（见图 4-2）。

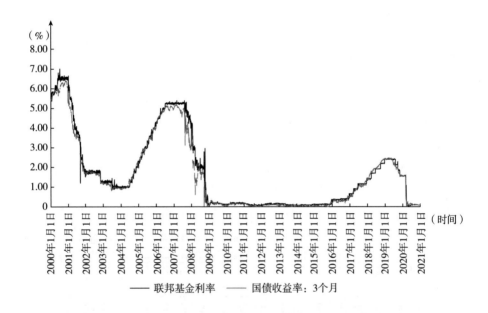

图 4-2　2000 年 1 月至 2021 年 1 月美国政策利率与市场利率

注：政策利率用联邦基金日结算利率衡量，市场利率用 3 个月国债收益率衡量。

资料来源：Wind。

对第二阶段传导有效性的验证更为复杂，涉及金融市场、资本市场的多项指标。需要指出的是，本章在检验各传导途径有效性时，重点关注指标的短期变动，不考虑滞后半年以上的指标变动，以剔除经济周期性波动对经济指标的影响。其中，信贷途径有效性用商业银行信贷增速及不动产抵押借款增速变动来衡量，资产价格途径有效性用纳斯达克指数、纽约证券交易所综合指数等金融市场指数来衡量①，风险资产途径有效性用长期国债收益率来衡量，汇率途径有效性用美元汇率指数来衡量，通胀途径有效性则用居民消费价格指数来衡量。

本章还考察了每一轮超低利率政策实施后，美国 GDP 增速、失业率、消费者信心指数、经济景气指数等主要经济指标的表现，以检验超低利率政策的实施是否有效改善了实体经济运行状况。

第二节　2002 年 11 月至 2004 年 9 月
超低利率政策传导效果

一、政策实施背景及过程

1992~1999 年，美国经济经历了一段低通胀、高增长的黄金时期。从 1999 年开始，已有的一些信号表明，美国经济的繁荣期即将结束：房地产市场开始降温，商业银行信贷增速冲高回落，通胀率降至 2%左右。但是，同期失业率仍保持在 4%以下，1999 年第二、第四季度和 2000 年第二季度的 GDP 环比增长率都超过 4%。1999 年 6 月至 2000 年 5 月，美联储连续加息 6 次，将联邦基金目标利率从 4.75%上调至 6.5%，并将 6.5%的利率维持到了 2000 年底。这轮加息政策事后被证明是错误的，美联储未能及时预判经济的危险信号，在随后互联网经济泡沫破灭时，美国经济不可避免地进入新一轮衰退。2001 年 1 月至 2003 年 6 月，美联储连续 13 次下调联邦基金目标利率，政策利率首次进入超低利率区间。这次降息分为三个阶段：

第一阶段从 2001 年 1 月至 2001 年 9 月，美联储连续降息 7 次。面对经济扩

---

① 乔海曙和陈志强（2009）研究表明，超低利率政策也能推高房价，但由于房价的影响因素更为复杂，本章重点考察超低利率政策对金融资产价格的影响。

张动力明显弱化（且弱化程度超过预期）的信号，美联储从 2001 年 1 月至 8 月连续 7 次降息，将联邦基金利率从 6.5% 下调至 3.5%[①]。美联储试图通过降息刺激经济，缓解经济下行的压力，但是其降息力度未能达到市场期望的水平，对经济的刺激收效甚微。

第二阶段从 2001 年 9 月至 2002 年 11 月，美联储连续降息 4 次。经济动力疲软叠加 "9·11" 事件的冲击，导致美国 2001 年第三季度 GDP 出现负增长。这促使美联储下决心采取更为激进的货币政策[②]。2001 年 9~12 月，美联储采取了 4 次降息操作，将联邦基金目标利率从 3.5% 下调至 1.75%，显著低于 3% 的历史下限。2001 年 9 月，M1 环比增加 4.83%，M2 环比增加 2.13%，均达到峰值。1.75% 的利率水平维持了一年左右，但是经济的一些重要指标仍未出现明显好转。

第三阶段从 2002 年 11 月至 2004 年 6 月，美联储将政策利率下调至超低利率区间。2002 年 11 月，美联储再次降息至 1.25%[③]。直至 2003 年 6 月，美国经济仍未摆脱衰退预期，美联储当月再次降息，将联邦基金目标利率下调至 1%[④]，此利率水平一直保持到次年 6 月底，美联储才启动新一轮加息周期[⑤]。

二、五种传导机制有效性检验

1. 信贷途径：商业银行信贷增速短期内达到历史峰值

超低利率政策通过影响银行融资成本影响贷款利率。由于美国银行存款利率直接锚定联邦基金利率，联邦基金利率对银行融资成本有很强的控制性，即使在利率市场化条件下，联邦基金利率也占银行融资成本决定性因素的近 80%（中国银行纽约分行研究部，2019）。2001 年 9 月中旬，第二阶段降息启动后，美国商

---

① FOMC, "Minutes of the Federal Open Market Committee", September 18, 2007, https://www.federalreserve.gov/fomc/minutes/20001219.htm#Jan3Minutes.

② 参见 https://www.federalreserve.gov/boarddocs/press/general/2001/20010917/。

③ FOMC, "Minutes of the Federal Open Market Committee", November 6, 2002, https://www.federalreserve.gov/fomc/minutes/20021106.htm.

④ FOMC, "Minutes of the Federal Open Market Committee", June 24-25, 2003, https://www.federalreserve.gov/fomc/minutes/20030625.htm.

⑤ FOMC, "Minutes of the Federal Open Market Committee", June 29-30, 2004, https://www.federalreserve.gov/fomc/minutes/20040630.htm.

业银行日信贷增速上升2.8%，刺激效果成效鲜明。2002年第二季度，商业银行不动产抵押借款增速开始回正。2002年第四季度，美联储第三阶段降息启动后，商业银行不动产抵押借款季度增速达到峰值27.7%，商业银行贷款季度增速达到17.3%，信贷增量显著高于超低利率政策开始前，也是自20世纪80年代以来美国商业银行信贷增速最高峰（见图4-3）。

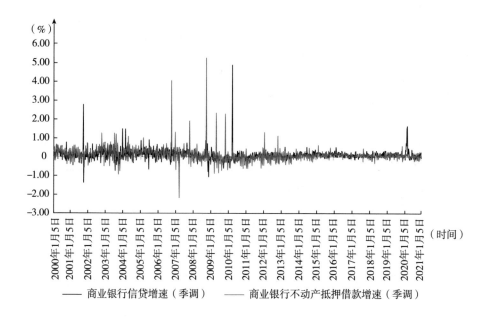

图4-3 2000年1月至2021年1月美国商业银行信贷和不动产抵押借款增速

资料来源：Wind。

2. 资产价格途径：金融资产价格未明显提升，房价泡沫产生

超低利率政策实施前，美国金融市场指数走低趋势明显。纳斯达克指数从5000点附近下跌至1600点附近，"9·11"事件加剧了美国金融市场的悲观预期，2002年10月，纳斯达克指数已降至1114，比最高点下跌71.8%（见图4-4）。超低利率政策实施后，纳斯达克指数缓慢回升至2000点左右，之后几年中一直未能显著提高。超低利率政策对金融资产价格的推高作用十分有限。不过，Negro和Otrok（2007）研究表明，本轮超低利率政策对资产价格的作用主要反映

在房地产市场上，美国房地产市场的泡沫主要产生于这一时期，这也为 2007 年的次贷危机埋下了隐患。

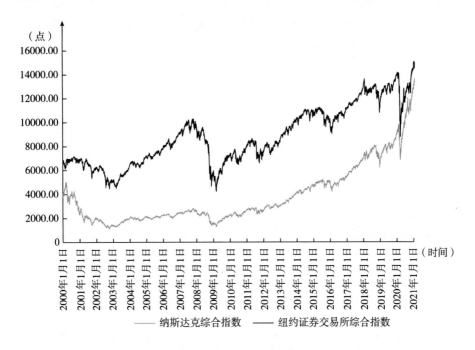

图 4-4　2000 年 1 月至 2021 年 1 月美国金融市场主要指数变动

资料来源：Wind。

3. 风险偏好途径：10 年期国债收益率无明显变化

理论预期，超低利率政策实施后，市场对风险资产的偏好会显著上升，从而拉低无风险资产价格，提高无风险资产收益率。10 年期国债收益率是衡量无风险资产收益率的主要指标之一。2003 年 6 月，美联储宣布降息至最低点 1% 后，美国 10 年期国债收益率从最低点 3.13% 上升至 4% 左右。虽然这一小段时期国债收益率有所上升，但此轮超低利率政策时期的国债收益率整体变化不大，甚至在相当长的一段时间里出现下降趋势。这意味着，风险偏好途径的传导效果并不明显，甚至出现了与理论预期方向相反的变动。

4. 汇率途径：美元指数显著下降

第一阶段和第二阶段降息后，美元贸易加权指数仍不断上升。2002 年 1 月，尽管美联储此时已连续 11 次降息,但美元指数仍达到 113,同比上升 11 个百分点。超低利率政策实施后,美元指数才开始下降。2004 年 12 月,美元指数已跌至 79.4。与理论预期的一致,汇率途径表现突出。

5. 通胀途径:CPI 短暂上升后回落至低区间

从 2001 年第二季度开始,美国通胀率明显下滑。2001 年 11 月至 2002 年 9 月,CPI 一直保持在 2% 以下,其中 2002 年 6 月 CPI 仅为 1.07%,投资和消费需求受到明显抑制。第三阶段降息开始后,CPI 短暂回升,最高点至 3%,但 2003 年 11 月以后,CPI 又回落至 2% 以下(见图 4-5)。超低利率政策提高通货膨胀率的效果不佳。

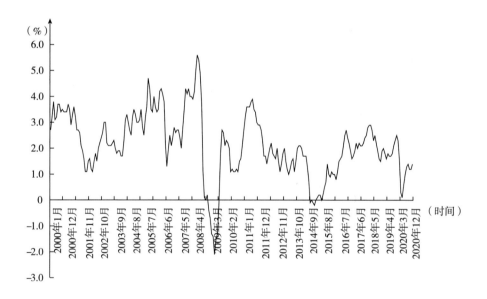

图 4-5　2000 年 1 月至 2020 年 12 月美国 CPI 同比月增幅

资料来源:Wind。

三、对实体经济的刺激效果

1. GDP 增速在超低利率实施后稳定上升,但更多受周期性因素影响

本次危机对美国失业率的影响较小,最高失业率在 6% 附近,超低利率政策

对失业率的影响也并不明显，至 2006 年底，失业率才缓慢降至 4.5% 附近（见图 4-6）。从 GDP 增速看，第一阶段降息对经济衰退的遏制作用十分有限。不考虑 "9·11" 事件冲击，早在 2001 年 3 月，美国环比季调 GDP 增速已降至 1.3%。第二阶段降息后，2001 年第四季度 GDP 增速也仅为 2.4%。直到第三阶段降息开始后，GDP 增速才开始平稳回升，并在 2003 年第三季度达到 9.3% 的小高峰。值得注意的是，美联储在 2004 年 6 月开启加息周期后，GDP 增速也未受到显著影响，经济增速的变化更大可能受周期性因素影响，而非受货币政策直接影响。

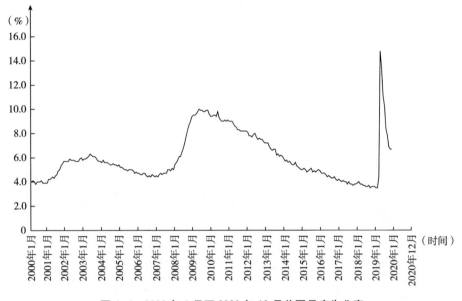

图 4-6　2000 年 1 月至 2020 年 12 月美国月度失业率

资料来源：Wind。

2. 消费者信心指数恢复缓慢

"9·11" 事件爆发后，美国消费者信心指数从 91.5 跌至 81.8，第二阶段降息政策虽然使消费者信心指数短暂恢复至 96.9，但随后又继续走低。2003 年 3 月，尽管联邦基金目标利率已下调至 1.25%，也无法阻止消费者信心指数继续跌至 77.6。直至 2003 年第三季度以后，消费者信心指数才逐渐稳定在 90 左右，此后两年内，消费者信心指数基本在 90~95 浮动。

3. 经济景气指数有明显修复

从美国供应商协会（ISM）公布的采购经理人指数（PMI）来看，在美联储实施低利率政策之前，制造业 PMI、制造业新订单 PMI 均在 50 荣枯线以下，非制造业 PMI 也在荣枯线附近震荡。第一阶段降息后，制造业新订单 PMI 反应迅速，一度突破 60，非制造业 PMI 也有较快回升，制造业整体 PMI 回升较慢，但也有显著修复。第三阶段降息政策开始后，制造业、非制造业、制造业新订单 PMI 指数都有明显提升，达到 60 以上的繁荣区间（见图 4-7）。

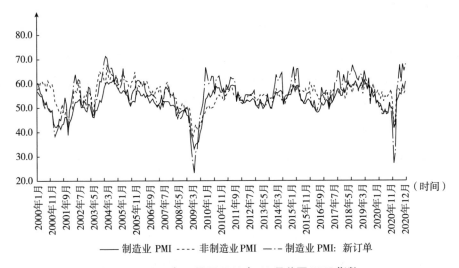

——制造业 PMI　---- 非制造业 PMI　—·— 制造业 PMI：新订单

图 4-7　2000 年 1 月至 2020 年 12 月美国 PMI 指数

资料来源：Wind。

第三节　2008 年 10 月至 2018 年 3 月
超低利率政策传导效果

一、政策实施背景及过程

在 2007 年次贷危机后，美联储开启了美国历史上持续时间最长、降息幅度

最大的低利率政策周期。主要分为以下三个阶段:

第一阶段从 2007 年 9 月至 2008 年 10 月, 美联储连续 7 次降息, 将联邦基金目标利率上限从 5.25% 降至 2%。2007 年 9 月, 次贷危机蔓延至美国债券、股票市场等金融市场, 美联储宣布新一轮降息, 将基准利率降低 0.5。随后一年内, 美联储一共采取了 7 次降息操作, 累计降息 3.25 个百分点, 此时联邦基金目标利率仍在 2% 以上。FOMC 会议纪要显示, 美联储低估了该次金融危机的严峻性, 认为其不会将美国经济拖入衰退①。

第二阶段从 2008 年 10 月至 2015 年 12 月, 美联储 3 次降息, 将联邦基金利率调至 0.25%, 这是联邦基金利率有史以来最低水平, 该利率水平保持了 7 年以上。2008 年 9 月, 雷曼兄弟倒闭, 金融危机在美国全面爆发并迅速蔓延至全球, 经济进入衰退的预期空前高涨。美联储意识到上一轮的降息政策力度远远不够②, 在 2008 年 10~12 月连续三次下调联邦基金目标利率, 与此同时采用大规模量化宽松手段, 加大公开市场操作力度, 作为超低利率政策的辅助工具。2008 年 12 月, M1 日增速达到历史性的 5.75%, M2 日增速最高达到 2.2%。

第三阶段从 2015 年 12 月至 2018 年 3 月, 美联储启动货币政策正常化进程, 通过 6 次加息操作, 将联邦基金目标利率从 0.25% 上调至 1.75%。随着美国经济各项指标好转, 就业市场进一步改善, 中期通胀水平达到 2% 以上, 美联储从 2015 年初开始释放货币正常化信号③。但是, 这次加息遇到了前所未有的阻力, 从释放加息信号到 2015 年 12 月美联储首次回调联邦基金目标利率至 0.5% 经历了整整一年时间, 且回调幅度仅为 0.25, 仍处于超低利率范围内。随后两年中, 美联储进行了 6 次小幅加息, 至 2018 年 3 月才将联邦基金目标利率回调至 1.75%, 距危机前 5.25% 的基准利率水平仍有 3.5 个百分点的差距。

---

① FOMC, "Minutes of the Federal Open Market Committee", September 18, 2007, https://www.federalreserve.gov/fomc/minutes/20070918.htm.

② FOMC, "Minutes of the Federal Open Market Committee", October 28–29, 2008, https://www.federalreserve.gov/monetarypolicy/files/fomcminutes20081029.pdf.

③ https://www.federalreserve.gov/monetarypolicy/fomcpresconf20150318.htm.

二、五种传导机制有效性检验

1. 信贷途径：未起到平滑信贷的作用

2009 年第一季度，紧随联邦基金利率降至 0.25% 之后，美国商业银行贷款季度增速为 -4%，商业银行不动产抵押借款增速则降至 -22.3%。这两项最重要的信贷指标在此次金融危机中长期保持负值。2009 年第三季度，商业银行贷款增速降至 -8.8%，借款增速降至 -39.1% 的最低点，超低利率政策的信贷途径显著受挫。

2. 资产价格途径：金融资产价格被显著推高

次贷危机发生前，纳斯达克指数（简称纳指）约在 2800 点左右，次贷危机发生后跌至 1268 点附近，跌幅超过 55%，纽约证券交易所指数从 10000 点以上跌至 4000 点左右。超低利率政策实施后，金融市场指数出现了较快反弹。随着超低利率政策延续时间的延长，纳指逐渐到达 5000 点附近，加息政策启动后也未遏制纳指上扬趋势。2008 年第三季度，纳指已突破 8000 点，金融资产价格在这轮超长期超低利率政策后被显著推高。

3. 风险偏好途径：10 年期国债收益率短期内迅速提升，长期走低

与上一轮超低利率政策时期类似，2008 年 12 月，在美联储宣布降息至 0.25% 后，美国 10 年期国债收益率从最低点 2.08% 一路上升，至 2009 年 6 月已升至 4% 附近，增长了一倍。但随着超低利率周期的不断延长，风险偏好途径的作用效果渐趋于无。2010 年 4 月以后，10 年期国债收益率就开始下降，至 2012 年 7 月，10 年期国债收益率已低于 1.5%，长期走低趋势明显。

4. 汇率途径：美元指数疲软损害美元全球货币锚地位

超低利率政策的作用充分传导到了美元汇率上。2009 年 5 月至 2014 年 11 月，广义美元指数一直低于 100，最低点约在 85 附近，对发达经济体的美元指数更低，谷值在 80 附近。此轮超低利率政策虽然降低了美元汇率，对出口起到一定刺激作用，但也明显削弱了美元在国际市场上的吸引力，得不偿失。为了维护美元全球货币锚的地位，增强离岸市场美元的流动性，美联储先后与 10 个国家央行签订或扩大了临时货币互换协定，以稳定美元指数。

5. 通胀途径: 长期面临通货紧缩压力

在本轮超低利率政策中, 最令美联储苦恼的是, 中长期通货膨胀率不仅未能有效提升, 反而显著下降。2009 年 7 月, CPI 一度降至-1.96%, 经济面临较大的通货紧缩压力。在超低利率政策实施的 9 年中, 美国 CPI 长期在 1%~2%震荡, 未能达到美联储设定的 2%的温和通胀目标。

三、对实体经济的刺激效果

1. 控制失业率和刺激 GDP 增长的作用不明显

次贷危机发生前, 美国失业率在 4.5%左右, 危机后失业率迅速蹿升至 10%以上。2008~2013 年, 高失业率现象一直未能得到有效缓解, 直到 2014 年第二季度, 失业率才首次低于 6%。在 GDP 增速的表现上, 2008 年第一季度、第四季度, 以及 2009 年第一季度、第二季度, 美国 GDP 环比增长率均为负。实施超低利率政策后, 2008 年第四季度美国 GDP 增长率为-7.2%, 2009 年第一季度增长率为-4.5%。至少从短期来看, 此次超低利率政策控制失业率、平滑经济增速、对抗经济周期的功能十分有限。

2. 消费者信心并未有效提振

次贷危机前, 消费者信心指数为 83.4。2008 年 6 月, 消费者信心指数降到56.4, 进入超低利率周期后, 消费者信心指数进一步降至 55.3。从 2007 年 11 月至 2012 年 9 月, 消费者信心指数始终低于 80。直至 2012 年 10 月, 消费者信心指数才回升至 82.6, 仍略低于危机爆发前的水平, 而此时距离联邦基金目标利率调至零点附近已过去 4 年。如果超低利率政策对消费者信心的提振不是无效的, 那么至少效果相当滞后。

3. 短期刺激经济景气指数回升

次贷危机发生前, 制造业、非制造业和制造业新订单 PMI 都在 50~60。2008年 9 月以后, 多项景气指数急剧走低, 2008 年 12 月, 制造业 PMI 为 33.1, 非制造业 PMI 为 40, 制造业新订单 PMI 仅为 23.2, 经济落入严重衰退区间。超低利率政策实施后, PMI 短期内迅速回升, 制造业新订单指数一度升至 66.6, 2009 年 6 月至此轮超低利率周期结束, 制造业和非制造业 PMI 指数基本稳定在 50~60。

第四节 2020年3月以来超低利率政策传导效果

一、政策实施背景及过程

受新冠肺炎疫情冲击，美联储在2020年3月连续两次降息，进入新一轮超低利率时期。2020年3月3日，美联储宣布将联邦基金目标利率从1.75%调至1.25%。从FOMC会议纪要来看，美联储认为新冠肺炎疫情给经济带来严重风险，降息能够放松消费者和企业的融资压力，扩大流向家庭和企业的信贷，扩大总需求①。从FOMC的措辞和降息幅度来看，美联储低估了新冠肺炎疫情对美国乃至全球的冲击，对经济前景的估计过于乐观。

第一次降息后，美国失业率、通胀率等重要经济数据急剧恶化，迫使美联储于2020年3月15日紧急下调联邦基金利率至0.25%。FOMC会议纪要反映，美联储判断美国经济将急剧恶化，不确定性急速上升，必须采取更强有力的利率政策②。为强化市场预期，FOMC重申会维持零利率直至经济走上充分就业和稳定通胀的轨道③。截至2021年1月底，美联储依然保持0.25%的超低政策利率水平。超低利率政策显著增加了美国货币市场供应量。2020年3月，M1月环比增速6.44%，M2月环比增速3.82%。2020年4月，M1月环比增速上升为12.9%，M2月环比增速则上升为6.66%。

---

① https：//www.federalreserve.gov/monetarypolicy/files/monetary20200303a1.pdf.

② FOMC，"Minutes of the Federal Open Market Committee"，March 15，2020，https：//www.federalreserve.gov/monetarypolicy/files/fomcminutes20200315.pdf.

③ FOMC，"Minutes of the Federal Open Market Committee"，June 9-10，2020，https：//www.federalreserve.gov/monetarypolicy/files/fomcminutes20200610.pdf.

二、五种传导机制有效性检验

1. 信贷机制：为市场注入流动性效果显著

2020 年第一季度，美国商业银行信贷增速保持平稳增长，贷款总额上涨 7.5%，不动产抵押借款则上涨 13.7%。超低利率政策为金融部门注入流动性的效果显著，有效刺激了商业银行放贷的意愿，在公共卫生危机爆发时为居民和企业借款提供了支持。

2. 资产价格机制：资本过剩埋下金融资产泡沫隐患

2020 年 2~3 月，纳斯达克指数从最高点 9817 跌至 6860 点附近，降幅约为 30%。超低利率政策实施后，金融市场剧烈下跌趋势得到遏制。3 月，纳指恢复到危机前水平，随后出现持续高速增长。纽约证券交易所指数恢复略慢，但在 2020 年底也已超过危机前水平。超低利率政策引起的场外资本过剩在很大程度上推高了资产价格，尤其是科技领域的金融资产价格飞涨，如苹果公司股价在 2020 年上涨了 81%，特斯拉市值从 2020 年初的 760 亿美元上涨至年终的 6690 亿美元。金融市场高估值泡沫是超低利率政策为未来经济发展埋下的最大隐患。

3. 风险偏好机制：长期国债收益率急剧下跌，有跌破零值可能性

不同于前两轮超低利率政策后长期国债收益率的短暂回升，此轮超低利率实施后，美国 10 年期国债收益率仍从 2% 跌至 0.5% 附近，理论预期的风险偏好机制提升安全资产收益率的效果并未实现。究其原因，全球性公共卫生危机带来的强烈不确定性使市场投资者更偏好无风险资产，显著推高了长期国债价格，降低了安全资产收益率。值得注意的是，受全球资产回报率下降的影响，美国 10 年期国债收益率在 21 世纪以来有持续下跌趋势，如果资产回报率不能有效提升，以 10 年期国债收益率为代表的安全资产收益率很有可能跌破零值。

4. 汇率机制：美元指数整体仍保持强势

本轮超低利率实施后美元依然走强。在美联储宣布降息后，广义美元指数甚至从 116 点附近急升至 125 点附近，这与理论预测的汇率机制方向不符，根本原因在于，汇率不仅受美国本国利率影响，也受其他国家利率政策和经济发展状况的影响。在美联储实施超低利率之前，欧元区、日本等国家和地区已率先实施了负利率政策，欧盟、日本、英国等世界主要经济体以及印度、巴西等新兴经济体都面临新冠肺炎疫情的严重冲击，经济不确定性增强，而当时美国疫情尚未全面暴发，美元作为避险资产的吸引力上升，推高了美元价格，这是使本轮汇率机制失效的主要原因。

5. 通胀机制：CPI 降至零点附近，消费严重受挫

在新冠肺炎疫情发生前，美联储就一直为无法达到 2% 的温和通胀目标而苦恼，疫情加剧了通货膨胀率的下挫，而本轮超低利率政策未能有效提高通胀预期。2020 年 4～5 月，CPI 已降至零点附近。至 2020 年 12 月，CPI 只上涨 1.4%，通胀预期管理难度比以往更甚。

三、对实体经济的刺激效果

（1）失业率得到有效控制，GDP 增速恢复快于预期。新冠肺炎疫情对美国就业市场的冲击严峻。2020 年 4 月，美国失业率飙升至 14.4%，比前值高出约 10 个百分点，5 月失业率继续保持在 13.3% 的高位。6 月以后，失业率得到明显控制，至 2020 年 12 月，失业率已降至 6.7%。疫情使美国经济在 2020 年第一、第二季度进入"休克"状态。第一季度 GDP 环比折年增长为 -3.4%，第二季度环比折年增长为 -32.8%。从 2020 年第三季度开始，美国 GDP 增速逐渐恢复，第三季度和第四季度 GDP 增速分别为 38.3% 和 6%，经济增长恢复速度快于美联储官员的预期。

（2）消费部门遭遇重挫，消费者信心恢复缓慢。消费一直是支撑美国经济增长的主要引擎，但社交隔离和大规模失业对消费产生巨大冲击。2020 年第一季度，美国个人消费支出同比下降 7.6%。2020 年 4 月，零售业销售额下降 16.4%，为 1992 年有记录以来最大月降幅。从消费者信心指数来看，2020 年 2 月，消费者信心指数为 101，3 月降至 89.1，4 月进一步降至 71.8。随着疫情蔓延，社交隔离政策无限期延续，消费者信心指数回升十分缓慢，至 2021 年 1 月，消费者信心指数只有 79.2，对比疫情前下降超过 20 个百分点（见图 4-8）。超低利率政策未能有效提振消费者信心。

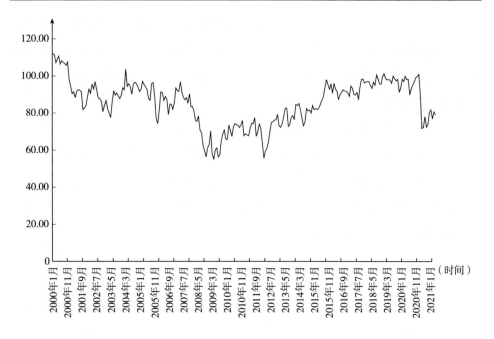

图 4-8　2000 年 1 月至 2021 年 1 月美国密歇根大学消费者信心指数

资料来源：Wind。

（3）PMI 指数急速下降后又迅速恢复。2020 年 4 月，美国制造业 PMI 迅速跌至 41.5，非制造业 PMI 降至 41.8，非制造业 PMI 在 2009 年 12 月以来首次进入萎缩区间，制造业和非制造业 PMI 均创 2009 年 3 月以来最低值。制造业新订单 PMI 的降幅更大，仅为 27.1，前值为 42.2，落入严重衰退区间。但是，不同于其他经济指标恢复缓慢，PMI 指数在超低利率政策实施的两个月后就恢复到了繁荣区间。2020 年 6 月，制造业、非制造业和制造业新订单 PMI 分别达到了52.6、57.1 和 56.4，直至 2020 年 12 月一直在 55 以上，经济景气指数较高。

四、传导机制有效性差异原因分析

美联储三次超低利率政策实践表明，超低利率第二阶段的五种传导途径有效性在不同条件下存在显著差异，直接导致同样的政策对实体经济的刺激效果迥异（见表 4-1）。

表 4-1　美国三轮超低利率政策传导途径效果评价

		2002 年 11 月至 2004 年 9 月	2008 年 10 月至 2018 年 3 月	2020 年 3 月至 2021 年 1 月
传导途径	信贷途径	√		√
	资产价格途径		√	√
	风险偏好途径		√	
	汇率途径	√	√	
	通胀途径			
经济表现	失业率	√		√
	GDP 增速			
	消费者信心	√	√	
	PMI	√	√	√

注：传导效果和经济表现明显的打√，不明显或反应滞后时间较长的不打√。

第一，信贷途径在第一轮和第三轮超低利率政策时期都产生了较为明显的效果。信贷途径效果相对稳定的主要原因在于利率政策对商业银行借贷利率的传导链条较短，作用直接。但是，在 2008 年 10 月开始的超低利率政策周期中，信贷途径明显失效，有两方面的因素导致了这一结果：一是此次危机起源于金融部门，不良贷款率严重超过警戒线是导致危机全面爆发的主要原因，银行信贷能力受到明显削弱，超低利率政策也难以刺激其在短期内做出调整；二是超低利率政策会通过缩小银行存贷款利差以及降低市场利率两种途径损害银行净资产，该轮超低利率政策历时较长，短期中，银行调整存贷款利率存在困难，但长期中，银行可以通过提高贷款利率、增加存贷款利差的方式提高自身盈利能力，从而抑制信贷需求。通过降低银行利率能否达到刺激私人投资的效果并没有统一的结论，凯恩斯就曾明确指出，"单靠银行政策对利息率的影响似乎不大可能决定投资的最优数量"，投资的总体水平受到社会体制和组织因素、心理因素、借贷双方交易费用、未来不确定性等多重因素影响，在经济下行时期，社会对投资回报率的预期黯淡，仅靠降低借款成本对投资的刺激作用十分有限，而在经济繁荣时期，即便借款成本较高，更高的投资回报预期也会刺激市场主体扩大投资。

第二，（金融）资产价格途径在第二轮和第三轮超低利率政策时期有效，但在第一轮时期并不明显。其原因在于，第二轮和第三轮超低利率时期都伴随美联储大规模量化宽松政策，M1 和 M2 增速较以往显著提高，在第三轮超低利率政策周期中，以科技股为主的金融资产价格飞涨尤其体现了这种场外资本过剩的特点。第一轮超低利率政策主要产生于互联网金融泡沫破灭时期，美联储的政策目标在于剔除金融资产泡沫，向市场注入流动性的力度较为有限，以避免超额货币过多流入金融部门。这意味着，资产价格途径要发挥作用，需要超低利率政策配合大规模量化宽松使用，或者说货币的供给量而非政策利率才是决定资产价格水平的关键变量。

第三，风险偏好途径仅在第二轮超低利率政策时期有效，其他两轮中效果都不明显。经济学家担心超低利率政策会扭曲投资者的行为，改变其风险偏好，导致更多资金流向风险资产，从而提高整个金融系统的风险，但这种顾虑似乎缺乏事实支撑。从美国长期国债收益率的走势来看，无风险资产价格升高已经成为长期中的趋势，这意味着，市场投资者对无风险资产的偏好在显著增强，这种趋势在第三轮超低利率政策时期表现得尤为明显。有两方面的原因导致了这一现象：一方面，全球性资产回报率下降导致实际利率面临较大下行压力，有研究表明，在经济衰退或萧条时期，资本边际回报率的下降速率很可能比利率下降的速度更快；另一方面，则是疫情导致的全球经济不确定性增强，促使投资者更愿意持有稳定收益的无风险资产。

第四，汇率途径在第一轮和第二轮的传导效果显著，在第三轮中变动方向则与理论预期相悖。经济学家对汇率途径抱有较大信心，认为汇率机制是最有可能体现超低利率政策意图的传导途径。美联储前两轮超低利率政策实践结果支持了这一假说，但在第三轮超低利率时期，美元汇率的变动方向却与理论预期正好相反。汇率途径有效性的失灵，主要原因在于除美国外其他主要经济体的货币政策和经济状况发生了显著改变。早在 2014 年和 2016 年，欧洲央行和日本央行就已宣布将存款利率和超额准备金利率下调至负利率区间，此外，欧洲、日本等国经济增长缓慢、人口老龄化严重等问题叠加，疫情导致的经济前景不确定性加剧，都推动美元指数在美联储降息后依然保持上扬态势。

第五，通胀预期途径在三轮超低利率政策中都未发挥明显作用。弗里德曼曾预言，在经济危机中，"宽松的货币政策是几乎一成不变的药方，而通货膨胀则是几乎一成不变的结果"，但令人惊讶的是，21 世纪美国的三轮超低利率政策，非但没有如 20 世纪 70 年代那样给美国带来滞胀的后果，且在美联储有意刺激通胀的前提下，通货膨胀率依然接近紧缩区间，甚至无法达到 2% 的温和通胀目标，第二轮超低利率政策实施后，美国的通货膨胀率甚至出现了负值。事实上，不仅仅是在美国，通胀预期途径在全球范围内都被证明效果不佳甚至完全无效。欧元区、日本等国家和地区在实施负利率政策后，通胀率依然处在 1% 乃至更低的区间内。一种解释是，疲弱的经济增长态势和日趋狭窄的货币政策操作空间，使民众对央行的通胀承诺失去了信心，使通胀预期途径失效。也有一些理论认为，通货膨胀具有高度的持续性，人们会根据当期观测到的通胀率来预期下一期的通胀水平，当经济已经处于高通胀区间时，人们对下一期的通胀预期也会比较高，而当经济处于紧缩区间时，这种紧缩也会相应地延续下去。关于通胀预期途径失效的原因，学界仍存在许多争议，但可以肯定的是，寄希望于用超低利率政策来刺激通胀增长，在当前的经济条件下很可能面临失败的风险。

从对就业率的影响来看，实行第一轮和第三轮超低利率政策后，美国的失业率都得到了有效控制。原因在于，第一轮危机影响范围有限，而第三次主要由公共卫生危机引致，短期负面影响显著，随后就业市场自发进行了调整；只有第二轮危机的广度、深度最强，难以通过短期刺激政策挽回。从对消费者信心指数的影响来看，超低利率政策在前两轮起源于金融部门的危机中有效提振了消费者信心，但对第三轮起源于实体部门的危机则无效。从 PMI 表现来看，超低利率政策对改善市场主体对经济前景的预期有良好作用，三轮政策实施后，PMI 指数都在短期内恢复到 50 荣枯线以上。

综合来看，超低利率政策对经济整体增速的作用表现出较强的不对称性，对避免经济继续恶化有一定的作用，对提升经济增速的效果则很不明显（如果有，也是相当滞后的），经济增速的变化更多受周期性因素影响。正如弗里德曼所言，短期中，货币政策对实体经济变量的作用方向是复杂的也是较不清晰的，而长期中，货币政策变动对收入、价格等变量的影响则存在相当一段时间的时滞，这种滞后性可以长达 12~16 个月。

五、结论与启示

本章检验了美联储三轮超低利率政策时期五种利率传导途径各自的有效性，研究发现，不同传导途径的有效性会根据政策利率降幅、利率下限、超低利率持续时间以及配套的货币政策（如前瞻性指引、量化宽松等）、危机产生的原因以及其他主要经济体的货币政策和经济运行情况等因素的不同而表现出显著差异。从美联储的历次实践中，可以得到以下启示：

第一，超低利率政策作为非常规货币政策，应在"非常"条件下实施。美联储历次实施超低利率政策的时点，均是在国内金融市场出现大幅震荡、通货膨胀率接近或已降至紧缩区间、失业率短期内大幅上升、PMI等多项经济景气指数落入衰退区间时。这意味着，超低利率政策一般仅适用于经济面临严重冲击，且短期内难以通过常规货币政策和财政政策缓解经济下行压力的特殊时期。当有其他常规政策可供选择，或是经济未面临"休克式""断崖式"下跌时，超低利率或负利率政策一般不作为首选政策工具。

第二，超低利率政策传导机制在不同经济背景下，其有效性存在明显差异。政策制定者应根据本国的货币市场、金融市场条件，以及其他主要经济体的经济状况和货币政策等，合理预判利率传导机制的有效性，并制定配套的政策措施来强化利率传导机制，以实现预期的政策目标。从美国的实践来看，信贷途径有效性的发挥应配合前瞻性政策指引的使用，资产价格途径的有效性则依赖量化宽松政策的配合，汇率途径的有效性则应注意对照其他主要经济体的货币政策等。风险偏好途径和通胀预期途径要产生效力，所需具备的条件更为复杂，要提升投资者对风险资产的偏好，前提是提升资产的预期回报率，而要有效地管理公众的通货膨胀预期，则需要央行在政策空间上保留一定的余地，同时在履行承诺上更为有力。

第三，超低利率政策在稳定经济预期、控制失业率以及提振消费者信心等方面有一定作用，但是其对实体经济的刺激效果存在显著不对称性——可以部分遏制实体经济恶化，却不能直接刺激经济增长。从美国的实践来看，超低利率政策对 GDP 增速的拉升作用并不明显，而经济增长能否恢复、恢复历时长短，更多取决于周期性因素。在长期中，正如弗里德曼所言，"货币不过是一层面纱"。此外，超低利率政策对实体经济的刺激程度不及理论预期，尤其当超低利率常态化以后，金融机构、企业和消费者等市场主体的预期和行为已调整至与超低利率环境相适应，刺激作用会被逐渐弱化，这一点正与适应性预期理论的预测相符合。

第四，即使超低利率的传导途径有效，长期使用超低利率也会对实体经济产生许多不良后果。弗里德曼认为，货币政策的滞后性，会使积极的或相机抉择的政策变得无效甚至有害。超低利率政策一方面大幅推高了金融资产、房地产价格，另一方面改变了投资者对风险资产的偏好，提高了金融部门整体杠杆率，为金融市场和房地产市场埋下巨大隐患，一旦泡沫破灭，给投资者和整个经济带来的打击将是难以承受的。此外，超低利率政策也会削弱本国货币在外汇市场上的吸引力，引发贬值风险，削弱本币作为国际货币的影响力。

第五，超低利率政策事实上是发达经济体对新兴经济体的一种掠夺。有研究表明，1997年亚洲金融危机以后，新兴经济体对安全资产的偏好程度显著提升，而目前这种"安全资产"主要由美国等发达国家提供。尤其是美元，在全球经济不景气时，通常会成为新兴经济体避险的主要选择之一。美联储接近于零的超低利率政策（实际利率已突破零值下限），使得美元债券投资者（以新兴经济体投资者为主）手中的财富迅速贬值，事实上是通过掠夺新兴经济体的财富来支撑美国本国经济发展，这种做法值得新兴经济体警惕。

第六，超低利率政策还表现出容易实施、难以退出的倾向，提醒政策制定者必须在启动政策前格外谨慎。从美联储三轮超低利率政策的持续周期、利率下限来看，超低利率政策表现出明显的"易进难出"特点。三轮降息下限越来越接近零利率，持续时间也有明显拉长趋势，留给未来货币政策的操作空间越来越窄，当超低利率也难以刺激经济时，负利率就成了必然选择，而负利率政策一旦实施，对通货膨胀预期和金融部门杠杆率的管理就会更难，欧元区和日本的负利率政策实践就是前车之鉴。此外，启动利率政策正常化进程面临各方诸多阻力，即使是美联储这样具有丰富货币政策经验且标榜独立的成熟货币政策制定机构，尚且面临多方"绑架"，在每一次调整利率政策时，FOMC成员也多出于各自代表利益集团的考量，持观望和犹豫不决的态度。我国在选择超低利率政策时更应将未来面临的货币政策正常化阻力考虑在内。

综合来说，超低利率政策或负利率政策作为近年来新生的货币现象，对过往的经济理论提出了严重挑战。正如弗里德曼所言，某种经济学说是否成立，不取决于该学说的前提假设，而是取决于该学说能否被经验事实所证明。随着货币政策工具的快速迭代，新的利率理论也亟待提出，从而来填补超低利率政策产生原因和传导机制有效性领域研究的空白，为未来货币政策的制定提供有益的参考。

参考文献

［1］陈俊：《低利率如何影响日本金融生态》，《金融市场研究》2020年第1期。

［2］范志勇、冯俊新、刘铭哲：《负利率政策的传导渠道和有效性研究》，《国际货币评论》2017年第5期。

［3］傅春杨、陈耿宣：《全球资产"负利率"的趋势、成因及借鉴》，《西南金融》2020年第10期。

［4］何纲：《负利率政策实践效果评述及对我国的启示》，《现代金融》2020年第8期。

［5］黄鑫、周亚虹：《利率扭曲与资产泡沫》，《国际金融研究》2012年第8期。

［6］米尔顿·弗里德曼、安娜·J.施瓦茨：《美国货币史（1867-1960）》，巴曙松等译，北京大学出版社2009年版。

［7］欧文·费雪：《利息理论》，陈彪如译，商务印书馆2013年版。

［8］乔海曙、陈志强：《负利率对房地产市场扩张效应研究》，《统计研究》2009年第1期。

［9］王华庆、李良松：《论基准利率和市场利率的关系》，《中国金融》2020年第13期。

［10］易纲、吴有昌编：《货币银行学》，格致出版社2014年版。

［11］约翰·梅纳德·凯恩斯：《就业、利息和货币通论》，宋韵声译，华夏

出版社 2012 年版。

[12] 中国银行纽约分行：《美国利率政策传导机制的效果及发展》，《金融博览》2019 年第 6 期。

[13] Bernanke B. S., Blinder A. S., "The Federal Funds Rate and the Transmission of Monetary Policy ", *American Economic Review*, Issue82, 1992, pp. 901-921.

[14] Bernanke, B. S., Bertaut C. C., Demarco, L. et al., "International Capital Flows and the Return to Safe Assets in the United States, 2003-2007" (FRB International Finance Discussion Paper No. 1014, 2011).

[15] Eggertsson G. B., Juelsrud, R. E., Summers L. H. et al., *Negative Nominal Interest Rates and the Bank Lending Channel*, 2019.

[16] Eggertsson G. B., Woodford M., *Optimal Monetary Policy in a Liquidity Trap*, 2003.

[17] Gertler M., Karadi P., "Monetary Policy Surprises, Credit Costs, and Economic Activity", *American Economic Journal*：*Macroeconomics*, Vol. 7, Issue 1, 2015, pp. 44-76.

[18] Hannoun H., *Ultra-low or Negative Interest Rates*：*What They Mean for Financial Stability and Growth*, 2015.

[19] Krugman P., "Balance Sheets, The Transfer Problem, and Financial Crises", *International Tax and Public Finance*, Issue 6, 1996, pp. 459-472.

[20] Lopez J. A., Rose A. K., Spiegel M. M., *Why Have Negative Nominal Interest Rates Had Such a Small Effect on Bank Performance? Cross Country Evidence*, 2018.

[21] Negro M. D., Otrok C., "99 Luftballons：Monetary Policy and the House Price Boom across U. S. States", *Journal of Monetary Economics*, Issue 54, 2007, pp. 1962-1985.

[22] Ragot X., Thimann C., Valla N., "Ultra-Low Interest Rates：Symptom and Opportunity", *Notes du conseild' analyseéconomique*, Vol. 9, Issue 9, 2016,

pp. 1-12.

[23] Riet A. V. , "The ECB's Fight against Low Inflation: On the Effects of Ul-tra-Low Interest Rates", *International Journal of Financial Study*, Vol. 5, Issue 2, 2017, p. 12.

[24] Summers L. , "Speech at the IMF's Fourteenth Annual Research Confer-ence in Honour of Stanley Fischer", *Washington D. C.* , November 8, 2013, http://larrysummers. com/imf-fourteenth-annual-research-conference-in-honor-of-stanley-fischer/.

[25] Wang Y. , Whited T. M. , Wu Y. , et al. , "Bank Market Power and Mo-netary Policy Transmission: Evidence from a Structural Estimation", *SSRN*, Novem-ber 11, 2018, https: //papers. ssrn. com/sol3/papers. cfm? abstract_ id = 3049665.

第五章　发达国家超低利率 （负利率）实证研究

2008 年底的全球金融危机爆发后，全球经济受到极大的冲击。为提振经济，一些发达国家（或地区）央行采取了降低利率和量化宽松的货币政策。其中一些国家的政策利率降为负值，引起学界和政策制定部门的关注。本书尝试用计量方法考察超低利率（负利率）对宏观经济的影响。

本章研究的超低利率是指央行的政策利率，其传导机制是央行政策利率的变动会对货币市场利率产生作用，同时也会对货币供应量（基础货币）产生影响。根据宏观经济理论，货币供应量的变动通过利率会对经济增长产生影响。另外，央行量化宽松货币政策将直接对基础货币产生影响，从而对经济增长和通胀产生影响。根据政策利率和量化宽松政策的传导机制，本章将从 GDP、投资、消费、出口和通胀五个方面，考察政策利率和量化货币政策对宏观经济的影响。

第一节　实证研究的主要背景

由于实施超低利率（负利率）的经济体较少，实施时间较短，现存研究尚未对其效果形成明确的结论。已有学者提出超低利率的传导机制与常规利率时期不同。因此，应对超低利率政策的传导机制进行探索，明确超低利率的传导机制是否有效。

部分学者认为超低利率政策并不能带来经济增长。Fry（1980）基于7个亚洲国家1962~1972年的时间序列和截面混合数据进行实证分析，结论是负利率不利于经济增长，实际利率每增加1%，经济增长率增加0.5%。弗莱还通过对22个发展中国家的经济数据进行研究，结论是负利率水平高的国家，经济的增长率均在1%以下，而负利率水平低和利率为正的国家，经济的增长率大致保持在4%~6%和6%以上的水平。Gelb（1989）选取了34个欠发达国家作为研究样本，对这些国家1965~1985年的经济数据进行研究，研究结果显示：负利率水平高的国家，经济的增长率为1.9%，负利率水平低的国家，经济的增长率为3.8%，而利率为正的国家，经济增长率为5.6%。

熊启跃和王书朦（2017）通过实证研究发现，负利率政策并没有刺激经济增长达到通胀目标。刘明彦（2014）通过研究欧洲央行、瑞典和丹麦的负利率实验得出：负利率使商业银行在央行的存款规模进一步下降、负利率政策无力扭转欧元区通缩的趋势。范志勇等（2017）研究了负利率政策的传导渠道及影响因素发现：负利率政策对市场利率以及汇率的影响贡献程度明显，对经济增长的影响较小，并没有起到刺激经济增长的作用。对于实体经济的复苏，主要取决于扩张的货币量是否进入实体经济，刺激消费与投资。娄飞鹏（2016）认为外国央行实施负利率政策的原因主要是为了刺激本国的经济增长和稳定汇率防止本币升值。同时也认为负利率政策效果无效，甚至弊大于利。吴秀波（2016）通过海外负利率政策的研究发现，短期内欧元区与日本两大经济体的负利率政策效果并不明显。郭杨（2016）研究实施负利率政策的五大央行的数据得出：负利率政策不一定能刺激通胀和稳定汇率。Salem和Julio（2016）研究信用摩擦与货币需求模型中最优货币政策引出了最优负名义利率，大约为-4%。此外，在萧条的信贷市场，名义负利率越低信贷市场越可能采取消极的态度。

Soble（2016）分析认为，日本央行的负利率虽然让资金成本达到了新低，但并没有遏制通缩困境，如果通缩继续加深，会让生产者利润更加稀薄，此时即便再具吸引力的借贷成本也会让企业难以承担，从而抑制整个信贷过程。孙榕（2016）指出名义负利率政策并没有解决欧洲的通货紧缩危机，在日本的效果也不明显而且日元不降反升，与政策目标背道而驰。丁玉（2017）通过研究欧洲央行负利率政策实施的背景与效果，认为实施负利率的短期目标基本已经达成，但是长期目标尚有一定的距离，名义负利率政策对欧元区的经济增长与刺激信贷方面的效果甚微。周大胜（2014）认为欧洲央行的负利率政策可以防止欧元的升值，但对刺激信贷促进经济增长的作用很小。廖淑萍（2016）认为名义负利率政策在主要发达国家的作用逐渐减弱，甚至有潜在风险。基于溢出效应的存在，发达国家的负利率政策会对中国产生不确定的影响。中国货币政策应该长期关注发达国家货币政策的变化，防止金融风险的发生。郭东放（2017）指出连续宽松的货币政策以及负利率政策并没有刺激经济的增长，反而产生脱实入虚的问题。主流观点认为货币政策对经济增长的刺激已经出现疲软。贺力平（2015）指出瑞士央行实施负利率政策主要是解决 2008 年金融危机后大量外资涌入瑞士，被迫造成法郎升值的问题。马理等（2018）利用 PVAR 分析了欧元区主要国家 2003 年 1 月到 2015 年 12 月的面板数据，认为名义负利率政策不会刺激经济复苏，也不会消除通缩危机。周莉萍（2017）认为名义负利率政策在全球产生了溢出效应，对金融产品、商业银行的收益率产生了负面影响。短期内，并没有刺激经济复苏。Carina、Moselund 和 Morten（2015）研究了欧元区实施负利率的情况，指出温和负利率与正利率时期的货币市场行为基本一致，而随着负利率的不断加码，市场中的不确定性也将不断增加。郭杨（2016）分析了五个发达经济体的数据，认为不同经济体的名义负利率政策实施效果存在差异，目前只有部分经济体达到稳定汇率、抑制通缩的目标。孙丽和王世龙（2017）基于日本的负利率实践，运用 VAR 模型得出利率是消费者信心和汇率的格兰杰原因，但消费者信心和投资对于负利率政策的刺激并不敏感。吴秀波（2016）指出，负利率政策作为一项前所未有的金融创新，其功效的客观评价尚需时日，短期内欧元区和日本两大经济体的政策绩效不彰。杨晓宇和阮加（2018）通过对日本超低利率传导机制的实证检验，得出只有产出和货币供给量是利率的格兰杰原因。日本超低利率政策对货币供应量的影响具有长期性，对产出、货币流动速度、汇率、消费和投资的影响具有短期性，中长期影响相对减缓。由此可知，对于日本来说，通过超低利率来刺激消费和投资、稳定币值未能取得较好效果，超低利率的传导机制效率较低。日本央行通过采取超低利率政策引发货币供应量、消费和投资的变动，这一变动十分短暂，降低了货币政策对市场利率的传导效应。

也有学者研究发现，负利率政策能够带来经济增长。Constancio（2016）比较了负利率实施后欧元区各国非金融企业贷款利率走势，认为负利率有效引导与降低了借款成本，同时国别间的息差有减小的趋势。张慧莲（2016）认为负利率政策可以通过财富效应刺激消费者增加消费、促进本币贬值，振兴出口，从而刺激经济增长。另外，负利率政策使银行利差减少，资本外流，引发货币的竞争性贬值，增加资产泡沫危机。过度使用利率政策调整经济，很有可能失效。负利率政策降低了家庭、企业的贷款利率，在一定程度上刺激了经济增长，但是不能过度依赖。长远来看，经济能否复苏最终还是要靠结构调整和技术进步。因此，财政政策与货币政策应该妥善协调，更好地解决经济结构调整的问题。巴曙松等（2016）总结对负利率的观点：一种是在短期内负利率对刺激经济增长具有效果；另一种是长期内对经济增长有效，但也存在不确定性因素。杨北京和张英男（2018）认为名义负利率政策降低了融资成本并抑制通货紧缩。孙国峰和何晓贝（2018）利用微观基础的 DSGE 模型得出结论："零利率下限"严重阻碍了名义负利率的传导，一国央行可以大幅度地采取名义负利率政策应对通货紧缩。

在数量分析方法上，多数学者使用 VAR 模型、脉冲响应函数来考察利率对宏观经济的影响（刘嘉琳，2019；马理等，2018；孙丽、王世龙，2017；杨晓宇、阮加，2018），也有使用 DSGE 模型分析利率对通缩的影响（孙国峰、何晓贝，2018）。一些学者使用 ARDL 模型做过相关研究（乐毅、刁节文，2013；黎志刚、尚梦，2014；黄昌利、黄志刚，2017），但鲜有使用 ARDL 模型考察超低政策利率对宏观经济影响的效果。

朱万里和郑周胜（2018）认为 VAR 模型中所有变量都是内生的，无须经济理论基础，可以通过脉冲响应函数分析变量之间的动态关系，但脉冲响应函数方法的结果受模型中变量次序的影响较大，所以这会显著影响结论。而且，基于有协整关系约束的 VAR 模型要求各时间序列变量是平稳的及同阶单整的，同时可能存在多个协整方程和多个长期均衡关系。这同样会影响研究结论解释力度的严谨性。DSGE 模型则需要立足严格的经济假设，在确保所有市场出清的情况下，随机变量扰动对经济变量的动态影响，但严苛的假设条件与复杂建模要求，使其结果与现实存在较大出入。相较而言，自回归分布滞后模型（ARDL）能够克服上面所述的缺点之外，还具备三点优势：①ARDL 模型可以比较方便地得出关于利率变动传递的长期和短期效应，检验变量间的长期关系。②不需要严格的假设条件，对于变量的时间序列无论是非同阶还是一阶单整情况，利用 ARDL 模型得出的结果都是一致且有效的。③该模型尤其能够减弱小样本偏误问题，使计量结果更为稳健可信。因此，本章选择 ARDL-ECM 模型检验利率对宏观经济的影响。

第二节　模型的选择

为考察政策利率调整对宏观经济的影响，本章将采用自回归分布滞后模型（ARDL）进行分析。ARDL 由 Pesaran（1997）提出，其优势表现在不需要变量同阶单整，也可以检验变量之间的长期协整关系，同时在小样本情况下 ARDL 估计结果更加稳定。结合上述分析，本章的 ARDL（p，q，k）模型具体表达式为：

$$y_t = \alpha + \sum_{i=1}^{p} \gamma_i y_{t-i} + \sum_{i=0}^{q} \beta_i r_{t-i} + \sum_{i=0}^{k} \delta_i s_{t-i} + \varepsilon_t \qquad (5-1)$$

其中，y 表示宏观经济指标；s 是货币供应量增速；r 表示政策利率；y_t、y_{t-i} 分别为 y 的 t 期和滞后 i 期值，γ_i、β_i、δ_i 分别为变量 y、r、s 滞后 i 阶的系数，p、q、k 分别为 y、r、s 的最大滞后阶数，ε 是服从正态分布的白噪声序列。可以证明式（5-1）中变量 y 与政策利率 r 和货币供应量 s 的长期协整关系为：

$$y_t = \alpha + \zeta r_t + \eta s_t \qquad (5-2)$$

其中，

$$\zeta = \sum_{i=1}^{q} \widehat{\beta_i} \Big/ \Big(1 - \sum_{i=1}^{p} \widehat{\gamma_i}\Big), \quad \eta = \sum_{i=1}^{k} \widehat{\delta_i} \Big/ \Big(1 - \sum_{i=1}^{p} \widehat{\gamma_i}\Big)$$

如果存在长期协整关系，根据 Granger 定理，存在等价的、描述被解释变量从短期波动向长期均衡调整的误差修正模型（ECM）。可将式（5-1）写成各变量的滞后项与 1 阶差分项形式，得到与较优的 ARDL（p，q，k）模型等价的 ECM。

$$\Delta y_t = -\sum_{i=1}^{p-1} \gamma_i^* \Delta y_{t-i} + \sum_{i=0}^{q-1} \beta_i^* \Delta r_{t-i} + \sum_{i=0}^{k-1} \delta_i^* \Delta s_{t-i} - \phi EC_{t-1} + \varepsilon_t \qquad (5-3)$$

其中：$EC_t = y_t - \alpha - \zeta r_t - \eta s_t$

$$\phi = 1 - \sum_{i=1}^{p} \widehat{\gamma}_i, \ \gamma_i^* = \sum_{m=i+1}^{p} \widehat{\gamma}_m, \ \beta_i^* = \sum_{m=i+1}^{q} \widehat{\beta}_m, \ \delta_i^* = \sum_{m=i+1}^{k} \widehat{\delta}_m$$

ARDL 建模包括两个阶段：首先，使用 AIC 准则、SIC 准则和调整后的 R^2 寻找最佳的 ARDL（p^*，q^*，k^*），即式（5-1），并使用 LM 检验判断是否存在序列相关，运用边界检验法（Bounds test）判断变量之间是否存在长期稳定关系，并估计变量之间的长期关系系数，即式（5-2）；其次，建立与 ARDL 模型相对应的误差修正模型（ECM），即式（5-3），考察政策利率和货币供应量对宏观经济的短期影响（黄昌利、黄志刚，2017）。

第三节　政策利率对宏观经济影响的实证分析

一、样本国（或地区）数据基本情况

（1）样本国（或地区）的选取。本章根据两个条件选择实证分析的样本国（或地区），一是政策利率出现负值，二是 G20 中政策利率低于1%的国家。本章选取了符合这两个条件的 8 个国家（或地区）作为实证分析的样本，即欧元区（19 国）、瑞士、瑞典、丹麦、日本、美国、英国和加拿大。

（2）各样本国（或地区）政策利率和时间段的选取。各样本国（或地区）央行的政策利率名称不尽相同，本章以国家货币基金组织定义的各国政策利率为依据，选取样本国的政策利率。根据各样本国央行实施超低利率的时间和量化指标可得时间，来确定各样本国分析时间段。各样本国政策利率名称和超低利率（1%以下）出现的时间，以及分析的时间段如表5-1所示。本章选择的时间段要比超低利率出现点早一些，以便于比较超低利率出现前后时期的差别。各样本国（或地区）政策利率的表现如图5-1所示。

表 5-1　样本国（或地区）央行政策利率及进入超低水平的时间

样本国（或地区）	政策利率	超低开始时间	分析时期
丹麦	贴现率	2011 年 12 月至 2020 年 3 月	1999q1～2019q4
欧元区	存款便利利率	2009 年 3 月至 2020 年 3 月	1999q1～2019q4
瑞士	隔夜存款利率	2009 年 3 月至 2020 年 3 月	2000q1～2019q1
瑞典	回购利率	2013 年 12 月至 2020 年 3 月	1999q1～2019q4
日本	补充性存款便利利率	1995 年 9 月至 2020 年 3 月①	1995q1～2019q4
英国	基准利率	2009 年 3 月至 2020 年 3 月	1999q1～2019q4
美国	联邦基金利率	2008 年 11 月至 2017 年 6 月；2020 年 3 月	1999q1～2019q4
加拿大	隔夜目标利率	2015 年 1 月至 2017 年 8 月；2020 年 3 月	1999q1～2019q4

注：1999q1 表示 1999 年第一季度，下同。

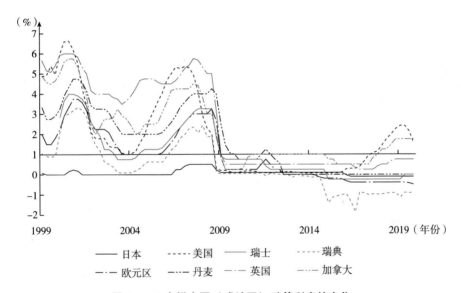

图 5-1　8 个样本国（或地区）政策利率的变化

资料来源：CEIC 全球数据库。

　　（3）宏观经济指标的选取。反映量化货币政策的指标本章选取央行对中央政府的净债权和其他存款企业债券额之和（以下简称量化指标）的同比增速。反映经济增长和三大需求变动的指标分别为 GDP 实际增速（见图 5-2）、固定资本形成

———————

①　1995 年 1 月至 2006 年 3 月的数据来自 zh. Tradingeconomics. com。

实际增速、私人消费实际增速、出口实际增速。反映通胀情况的指标为 GDP 平减指数（见图 5-3）。各指标皆为季度数据。基础数据来源于 CEIC 全球数据库。

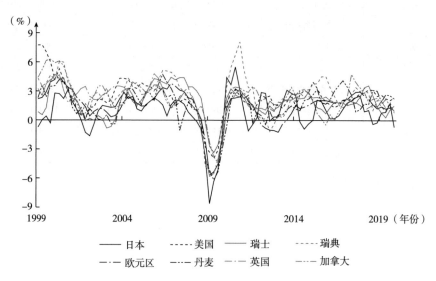

图 5-2　8 个样本国（或地区）经济 GDP 增速的变动

资料来源：CEIC 全球数据库。

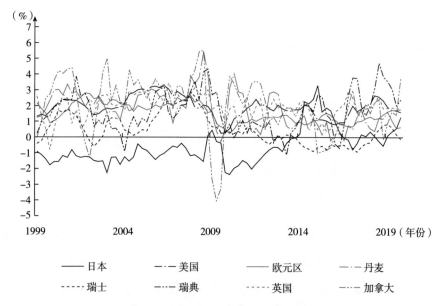

图 5-3　8 个样本国（或地区）通胀率的变化

资料来源：根据 CEIC 全球数据库相关指标计算。

二、变量单位根检验

虽然 ARDL 边限检验法可适用于 I（1）与 I（0）变量的混合情形，但在进行 ARDL 边限检验之前，需要预先对各变量进行单位根检验，这主要是为了判断变量是否为 I（1）、I（0）或是 I（0）、I（1）交叉类型，而非 I（2）或更高阶单整。本章采用 ADF 方法对各变量进行单位根检验。检验结果表明，各样本国（或地区）政策利率、量化指标增速、GDP 增速、固定资本形成实际增速、消费实际增速、出口实际增速和 GDP 平减指数变动率皆在 5% 的显著性水平下为 I（0）或 I（1）变量，符合 ARDL 边限检验法的要求。

三、超低政策利率对宏观经济的影响分析

运用上述 ARDL-ECM 模型和各样本国相关数据，使用 Eviews11 计量软件，可以估计出宏观经济指标（y）与政策利率（r）和量化指标增速（s）之间的长期关系：yt＝α+ζrt+ηst。在此基础上，可进一步估计出反映政策利率（r）和量化指标增速（s）对宏观经济指标（y）短期影响的 ECM 模型。

1. 政策利率和量化货币政策对经济增长的影响

将 GDP 实际增速作为上述 ARDL-ECM 模型的被解释变量 y，可估计出经济增长与政策利率（r）和量化指标增速（s）之间的长期关系：yt＝α+ζrt+ηst，以及相应的 ECM 模型。估计结果如表 5-2 至表 5-5 所示。从结果看，可以得出以下几点结论。

表 5-2　2002～2019 年政策利率、量化指标增速与 GDP 增速的长期协整关系[①]

样本国（或地区）	常数项 α	政策利率系数 ζ	量化指标增速系数 η	F-statistic
日本		−0.6675	0.0448***	7.1701***
美国		0.2074	0.0072	10.0422***

[①]　由于数据的原因，各国的考察期有所不同，日本考察期为 1995 年第一季度至 2019 年第四季度，美国为 1999 年第一季度至 2019 年第四季度，瑞士和英国为 2000 年第一季度至 2019 年第四季度，瑞典危机前为 2002 年第四季度至 2008 年第二季度，其他皆为 2002 年第四季度至 2019 年第四季度，下同。

续表

样本国（或地区）	常数项 α	政策利率系数 ζ	量化指标增速系数 η	F-statistic
欧元区		1.8345***	0.0560**	9.8211**
丹麦	2.3468***	−0.7336***	0.0019*	6.7068***
瑞士		0.2256*	−0.0015	13.5661***
瑞典	2.4075***	−0.0183	−0.0001**	14.2397***
英国	1.6523***	0.1174	0.0001	9.3160***
加拿大	2.5324***	0.0417	−0.1248	7.0269***

注：***、**、*分别表示在1%、5%、10%的显著水平下显著，下同。

表5-3　2010~2019年政策利率、量化指标增速与GDP增速的长期协整关系①

样本国（或地区）	常数项 α	政策利率系数 ζ	量化指标增速系数 η	F-statistic
日本	—	0.1642	−0.0009	10.5374***
美国	—	−0.0102	−0.0081	7.4380***
欧元区	—	−2.8583**	0.0804***	19.8424***
丹麦	2.0265***	−1.4236**	−0.0005	7.3158***
瑞士	1.8621***	0.6234*	0.0094*	11.1928***
瑞典	1.5201***	−0.3200	0.0066**	16.6118***
英国		2.4183	0.0354	3.4122*
加拿大	2.0129***	0.0458	0.0057	6.4650***

表5-4　2002~2008年政策利率、量化指标增速与GDP增速的长期协整关系②

样本国（或地区）	常数项 α	政策利率系数 ζ	量化指标增速系数 η	F-statistic
日本	—	−6.5363	0.0974	5.3771***
美国	—	−0.2106	0.2111**	13.6460***
欧元区	—	1.3829***	0.1275	5.5274**
丹麦	—	0.8860***	0.0049**	7.4856***
瑞士	—	−1.7319	0.0132	4.5944*

---

① 各国的考察期皆为2010年第一季度至2019年第四季度，下同。
② 由于数据的原因，日本考察期为1995年第一季度至2008年第三季度，美国为1999年第一季度至2008年第三季度，瑞士和英国为2000年第一季度至2008年第三季度，瑞典为2002年第四季度至2008年第二季度，其他皆为2002年第四季度至2008年第三季度，下同。

续表

样本国（或地区）	常数项 α	政策利率系数 ζ	量化指标增速系数 η	F-statistic
瑞典	—	0.9108 **	−0.0827 ***	7.2669 ***
英国	3.2359 ***	−0.1161	0.0252	6.5907 ***
加拿大	4.6675 ***	−0.9928 ***	0.2459	5.7642 **

表5-5　政策利率和量化政策与经济增长 ECM 模型主要结果

样本国（或地区）	2002~2008 年		2010~2019 年	
	政策利率	量化指标	政策利率	量化指标
日本	√	√		√
美国	√	√		
欧元区	√	√	√	√
丹麦	√	√		
瑞士	√		√	
瑞典	√	√	√	√
英国				
加拿大		√		

注：√表示 ECM 模型中相应解释变量的估计系数在10%水平下显著，即该变量对经济增长有显著影响。下同。

第一，没有足够的证据表明超低利率对经济增长有显著影响。综合来看，2002~2019 年 8 个样本国 GDP 增速与政策率和量化指标增速存在长期协整关系，丹麦的政策利率回归系数在 1% 水平下显著，且符号与预期一致，政策利率上升 100 个基点（1%），会引起经济增速下降约 0.73 个百分点。

分时期看，2008 年全球金融危机后，7 个样本国政策利率先后降至超低水平（1% 以下），美国、欧元区、丹麦、瑞典进入负利率时期。尽管经济增速与政策利率和量化指标增速存在长期稳定的关系，但只有欧元区和丹麦的政策利率对经济增长的影响在 5% 水平下显著，且符号与预期一致，其他 6 个样本国皆不显著或符号与预期不符。金融危机前的 2002~2008 年仅加拿大的政策利率回归系数在 1% 水平下显著，且符号与预期一致。

因此，没有足够的证据表明，超低利率对经济增长有符合预期的显著影响。

第二，金融危机前后，欧元区和丹麦变量间的长期关系发生了显著变化。尽管长期来看丹麦政策利率对经济增长有影响，这主要体现在危机发生后。危机前，其政策利率系数在1%水平下显著，但符号与预期不符。也就是说，丹麦的负利率政策对经济增长有显著影响。欧元区与丹麦的表现类似，危机前政策利率回归系数显著，但符号与预期不符，而危机后回归系数高度（在1%水平下）显著，且符号符合预期。

第三，金融危机后，超低利率时期政策利率对经济增长的短期影响减弱了。从短期看，危机前8个样本国（或地区）中政策利率对经济增长有影响的有6个，而危机后降至3个（欧元区和瑞士），表明与以往相比，危机后的超低利率时期政策利率对经济增长的短期影响减弱了。

第四，日本、欧元区和丹麦量化货币政策对经济增长有显著影响。模型回归结果显示，2002~2019年日本、欧元区和丹麦的量化指标增速的回归系数分别在1%、5%和10%水平下显著且符号为正。也就是说，这一时期日本、欧元区和丹麦的量化货币政策对经济增长有显著影响。欧元区这种影响体现在危机后，丹麦则体现在危机前。另外，危机后美国的量化货币政策对经济增长没有显著影响，而危机前有符合预期的显著影响。

2. 政策利率和量化货币政策对通胀的影响

将 ARDL 模型中的因变量 y 换成通胀率——GDP 平减指数，考察政策利率和量化货币政策变动对通胀的影响。回归结果如表5-6至表5-9所示。从8个样本国（或地区）的结果看，可得出以下三点结论。

表5-6　2002~2019年政策利率、量化指标增速与通胀率的长期协整关系

样本国（或地区）	常数项 α	政策利率系数 ζ	量化指标增速系数 η	F-statistic
日本	—	-0.8039	-0.0025	1.5685
美国	—	0.1706 **	0.0009	4.6254 *
欧元区	—	1.8345 ***	0.0560 **	9.8211 ***
丹麦	0.9207 ***	0.5820 ***	0.0008	16.3767 ***

续表

样本国（或地区）	常数项 α	政策利率系数 ζ	量化指标增速系数 η	F-statistic
瑞士	—	0.7553***	0.0125***	5.8644***
瑞典	1.9955***	0.4921	-0.0004	4.2192**
英国	1.6654***	0.1463***	0.00001	9.3845***
加拿大	1.8558***	0.6017***	-0.1685**	9.9528***

表 5-7　2002~2008 年政策利率、量化指标增速与通胀率的长期协整关系

样本国（或地区）	常数项 α	政策利率系数 ζ	量化指标增速系数 η	F-statistic
日本	—	-0.6519	-0.0689	1.9840
美国	—	-0.1844*	-0.0833**	8.5435***
欧元区	—	-0.0289	0.1050***	5.3054***
丹麦	—	1.3714***	-0.0003	36.6594***
瑞士	—	0.7066***	0.0038**	11.6547***
瑞典	—	1.6904***	-0.0343*	15.6443***
英国	3.0327***	-0.1403	0.0351	6.0813***
加拿大	3.3843***	-0.2401**	0.1318**	14.2682***

表 5-8　2010~2019 年政策利率、量化指标增速与通胀率的长期协整关系

样本国（或地区）	常数项 α	政策利率系数 ζ	量化指标增速系数 η	F-statistic
日本	—	2.1356	0.0339	1.6059
美国	—	0.3663**	0.0119***	5.5898**
欧元区	—	-1.4067	0.0793***	14.5287***
丹麦	—	0.9679***	0.0006	12.6615***
瑞士	-0.4243***	1.5908***	0.0366	5.5790***
瑞典	—	-2.2782***	-0.0024	3.6477*
英国	—	0.4006	0.0014	4.4012**
加拿大	—	1.6226***	-0.0123	3.3808**

表 5-9　政策利率和量化指标增速与通胀率 ECM 模型主要结果

样本国（或地区）	2002~2019 年		2002~2008 年		2010~2019	
	政策利率	量化指标	政策利率	量化指标	政策利率	量化指标
日本						
美国			√	√	√	√
欧元区				√	√	√
丹麦	√	√		√	√	
瑞士	√	√	√	√		√
瑞典	√	√		√		
英国			√	√		
加拿大				√		

第一，综合来看，政策利率对通胀率没有显著的符合预期的影响。2002～2019 年 8 个样本国中有 7 个（美国、欧元区、丹麦、瑞士、瑞典、英国和加拿大）通胀率与政策利率和量化指标增速存在长期协整关系，但没有一个样本国的政策利率回归系数是显著且符号符合预期的，也就是说，这对 8 个国家（或地区）来说，政策利率对通胀率没有显著的符合预期的影响。

第二，分时期看，美国和加拿大政策利率在金融危机前对通胀有显著的符合预期的影响。金融危机后情况发生了变化，尽管回归系数分别在 5%、1% 水平下显著，但符号不符合预期。

第三，2002～2019 年欧元区和瑞士的量化货币政策对通胀有显著的符合预期的影响，量化指标增速每上升 1%，欧元区和瑞士通胀率分别上升约 0.056 个和 0.013 个百分点。金融危机后美国的量化货币政策对通胀有显著影响，量化指标增速每上升 1% 通胀率上升 0.012 个百分点。短期来看，金融危机后量化货币政策对通胀的影响变弱了。危机前量化货币政策对通胀产生影响的国家有 7 个，而危机后降至 3 个。

3. 政策利率和量化货币政策对投资的影响

将 ARDL 模型中的因变量 y 换成固定资本形成实际增速，考察政策利率和量化货币政策对投资的影响。回归结果如表5-10至表5-13所示。从回归结果看，可得出以下几点结论。

表5-10　2002～2019年政策利率、量化指标增速与投资增速的长期协整关系

样本国（或地区）	常数项α	政策利率系数ζ	量化指标增速系数η	F-statistic
日本	—	-8.6666***	0.0805***	15.0358***
美国	—	-0.2653	0.0845*	9.2756***
欧元区	—	-2.7194	-0.0653	6.5032**
丹麦	4.7469***	-1.8710*	0.0316*	5.1726***
瑞士	3.1256***	-0.6910*	-0.0123	10.2176***
瑞典	—	0.5627	-0.0006***	14.7244***
英国	2.4142***	0.0382	-0.0065***	9.3199***
加拿大	—	1.4912**	-0.0044	9.3804***

表5-11　2002～2008年政策利率、量化指标增速与投资增速的长期协整关系

样本国（或地区）	常数项α	政策利率系数ζ	量化指标增速系数η	F-statistic
日本	—	-6.3401*	0.0597	8.4911***
美国	—	-1.7515**	1.1137***	15.4496***
欧元区		6.0796**	0.2091	13.0492***
丹麦	10.8864***	-3.5263***	0.0068*	9.1635***
瑞士	—	0.4161	-0.0365***	6.5673***
瑞典	4.4418**	-0.5196	0.0257	9.6667***
英国	—	0.5525**	-0.0078	5.4253***
加拿大	17.0206***	-2.5194***	-2.4061**	6.2467**

表5-12　2010～2019年政策利率、量化指标增速与投资增速的长期协整关系

样本国（或地区）	常数项α	政策利率系数ζ	量化指标增速系数η	F-statistic
日本	—	-8.4732*	0.0849***	9.7967***
美国	—	-0.5746	0.0668***	28.1994***

续表

样本国（或地区）	常数项 α	政策利率系数 ζ	量化指标增速系数 η	F-statistic
欧元区	—	−8.0579 ***	−0.0029 ***	20.3847 ***
丹麦	—	−5.7241 **	0.0176	5.5645 ***
瑞士	2.2157 ***	1.9991 **	0.0333	20.4540 ***
瑞典	—	−2.8557 **	0.0115 *	13.1154 ***
英国	—	4.2638 **	0.0072	7.3970 ***
加拿大	—	0.9345	0.1041	4.4762 **

表 5-13　政策利率和量化指标增速与投资增速 ECM 模型主要结果

样本国（或地区）	2002~2019 年		2002~2008 年		2010~2019 年	
	政策利率	量化指标	政策利率	量化指标	政策利率	量化指标
日本	√		√			
美国	√	√	√	√	√	√
欧元区	√		√	√	√	√
丹麦	√		√	√		
瑞士	√	√	√	√		
瑞典			√		√	√
英国	√					
加拿大	√		√			

第一，综合来看，各国的差异性较大，日本、丹麦和瑞士的政策利率对投资有显著负向影响。2002~2019 年 8 个样本国（或地区）投资增速与政策利率和量化指标增速存在长期关系，有 5 个国家政策利率的符号为负，符合预期，其中有日本、丹麦和瑞士分别在 1% 和 10% 水平下显著；有 3 个国家（日本、美国和丹麦）量化指标增速回归系数分别在 1% 和 10% 水平下显著，且符号符合预期。综合来看，8 个样本中日本和丹麦的表现最佳，政策利率和量化指标都对投资有较显著的符合预期的影响。

第二，金融危机后，日本、欧元区、丹麦和瑞典政策利率对投资有显著负向影响，其他国家没有显著影响。日本、欧元区、丹麦和瑞典政策利率每提高 1%，投资增速分别下降 8.5 个、8.1 个、5.7 个和 2.9 个百分点。金融危机前，美国和加拿大的政策利率对投资有显著负向影响，而危机后则不显著。危机后美国、日本和瑞典的量化货币政策对投资有较显著正向影响。

第三，金融危机后的负利率时期，政策利率对投资的短期作用减弱了。从反映短期调整的 ECM 模型结果看，在短期投资更显著地受到政策利率的影响，但这主要体现在危机前的时期，在危机后的负利率时期，政策利率的短期作用减弱了许多。危机前政策利率在短期对投资产生影响的国家有 7 个，危机后降至 4 个。

4. 政策利率和量化货币政策对消费的影响

将 ARDL 模型中的因变量 y 换成私人消费实际增速，考察政策利率和量化货币政策对消费的影响。回归结果如表 5-14 至表 5-17 所示。从回归结果看，可得出以下三点结论。

表 5-14　2002~2019 年政策利率、量化指标与消费增速的长期协整关系

样本国（或地区）	常数项 α	政策利率系数 ζ	量化指标增速系数 η	F-statistic
日本	—	−0.8958	−0.0112	4.3572*
美国	—	−0.0645	−0.0153	6.3150**
欧元区	—	−1.7896	−0.1131	5.5477**
丹麦	—	−0.3729	0.0002	4.8735**
瑞士	1.6408***	0.0078	0.0017	5.7703***
瑞典	2.2157***	−0.0753**	0.0002*	11.8539***
英国	—	−0.4672	0.0432	8.6945***
加拿大	1.8803***	0.5302***	0.0191	8.4213***

表 5-15　2002~2008 年政策利率、量化指标增速与消费增速的长期协整关系

样本国（或地区）	常数项 α	政策利率系数 ζ	量化指标增速系数 η	F-statistic
日本	—	−1.9323***	−0.0037	14.3533***
美国	—	0.0684	0.4095***	8.9457***

续表

样本国（或地区）	常数项 α	政策利率系数 ζ	量化指标增速系数 η	F-statistic
欧元区		−3. 2874	0.0559	8. 2483 ***
丹麦	6. 8463 ***	−1. 2298 ***	0.0013	4. 1208 **
瑞士	—	0. 2214 *	0.0062 **	8. 4894 ***
瑞典	—	0. 7167 ***	−0.0817 ***	20. 9449 ***
英国	—	0. 6027 ***	0.0176 *	6. 1213 ***
加拿大	1. 8594 ***	0. 4929 ***	0.0969 ***	23. 9029 ***

表 5-16　2010~2019 年政策利率、量化指标增速与消费增速的长期协整关系

样本国（或地区）	常数项 α	政策利率系数 ζ	量化指标增速系数 η	F-statistic
日本	—	0. 7354	−0. 0060	13. 1925 ***
美国	—	−0. 0577	−0. 0150 *	5. 4526 **
欧元区	0. 4041 ***	−2. 9821 ***	0. 0009	12. 3213 ***
丹麦	1. 8550 ***	−1. 2360	0. 0075	2. 8637
瑞士	—	−0. 9501	−0. 0427 *	2. 3787
瑞典	2. 0293 ***	−0. 2000	0. 0007	5. 5595 **
英国	—	22. 0980	−0. 5826	4. 5877 **
加拿大	3. 2757 ***	−0. 8011 ***	−0. 0255	8. 3809 ***

表 5-17　政策利率和量化指标增速与消费增速 ECM 模型主要结果

样本国（或地区）	2002~2019 年		2002~2008 年		2010~2019 年	
	政策利率	量化指标	政策利率	量化指标	政策利率	量化指标
日本			√		√	√
美国	√			√		
欧元区			√	√		√
丹麦	√			√		√
瑞士			√	√		
瑞典	√	√	√	√		

续表

样本国（或地区）	2002~2019 年		2002~2008 年		2010~2019 年	
	政策利率	量化指标	政策利率	量化指标	政策利率	量化指标
英国	√	√			√	√
加拿大	√	√	√	√	√	√

第一，综合来看，8 个样本国中仅瑞典的政策利率对消费增速有显著负向影响。2002~2019 年 8 个样本国（或地区）消费与政策利率和量化指标增速存在长期关系，有 6 个国家政策利率回归系数的符号为负，符合预期，但仅有 1 个国家（瑞典）较显著；有 5 个国家量化指标增速回归系数为正，符合预期，仅瑞典在 10% 水平下显著。

第二，金融危机后的负利率时期，仅欧元区和加拿大的政策利率对消费有显著的负面影响，政策利率提高 1 个百分点，消费增速分别下降约 3 个和 0.8 个百分点。危机前日本和丹麦的政策利率对消费有显著负向影响，政策利率提高 1 个百分点，消费增速分别下降约 1.9 个和 1.2 个百分点。

第三，从短期看，危机后政策利率对消费的影响减弱了。2002~2008 年政策利率对消费有显著影响的有 5 个国家（或地区），危机后降至了 3 个。

5. 政策利率和量化货币政策对出口的影响

将 ARDL 模型中的因变量 y 换成出口实际增速，考察政策利率和量化货币政策对出口的影响。回归结果如表 5-18 至表 5-21 所示。从回归结果看，可得出以下两点结论。

表 5-18 2002~2019 年政策利率、量化指标增速与出口增速的长期协整关系

样本国（或地区）	常数项 α	政策利率系数 ζ	量化指标增速系数 η	F-statistic
日本	—	−3.2400	0.0859	6.7242 ***
美国	—	0.6361	0.0354	14.5341 ***
欧元区	4.3940 ***	−0.5836 *	0.0218	12.1876 ***
丹麦	3.5409 ***	−0.1088	0.0147 **	11.0625 ***

续表

样本国（或地区）	常数项 α	政策利率系数 ζ	量化指标增速系数 η	F-statistic
瑞士	4.4601***	0.3932	−0.0007	16.6416***
瑞典	4.5477***	0.5645	−0.0008***	16.8864***
英国	—	0.2697	−0.0028	7.8992***
加拿大	6.1820***	−1.2350	−0.4285	5.7815***

表5-19　2002~2008年政策利率、量化指标增速与出口增速的长期协整关系

样本国（或地区）	常数项 α	政策利率系数 ζ	量化指标增速系数 η	F-statistic
日本	—	−3.6605	−0.0224	3.4213
美国	—	−0.3037	−0.5512***	7.9480***
欧元区	7.1708***	−0.1388	−0.0486	43.4847***
丹麦	—	−3.8908	0.0043	5.5353***
瑞士	5.2204***	0.2183	0.0157*	6.2541***
瑞典	—	14.3210	−0.1576	3.7289*
英国	—	0.8968***	0.0334	3.6131*
加拿大	7.6548***	−1.9092***	0.0999	6.4345***

表5-20　2010~2019年政策利率、量化指标增速与出口增速的长期协整关系

样本国（或地区）	常数项 α	政策利率系数 ζ	量化指标增速系数 η	F-statistic
日本	—	13.1941	−0.0250	8.5211***
美国	—	0.2865	0.0757***	9.4221***
欧元区	3.8486***	0.1829	0.0233***	11.9648***
丹麦	2.8763***	2.5320*	0.0120	7.5641***
瑞士	4.7874***	−1.5535	−0.3966***	11.0121***
瑞典	3.4941***	−0.2535	0.0011	13.0559***
英国	—	7.6562***	−0.0274	5.4322***
加拿大	5.3102***	−0.5646	−0.2657	11.8382***

表 5-21 政策利率和量化指标增速与出口增速 ECM 模型主要结果

样本国（或地区）	2002~2019 年		2002~2008 年		2010~2019 年	
	政策利率	量化指标	政策利率	量化指标	政策利率	量化指标
日本	√	√				√
美国	√		√	√		√
欧元区	√		√	√		√
丹麦	√		√	√		
瑞士		√	√			
瑞典	√	√	√	√		
英国	√				√	√
加拿大			√	√		√

第一，综合来看，政策利率对出口实际增速没有显著影响。2002~2019 年尽管 8 个样本国的三个变量存在长期协整关系，但仅欧元区政策利率回归系数较显著，且符号符合预期。分时期看，危机前仅加拿大政策利率回归系数在 1% 水平下显著，且符号为负。危机后有 3 个国家（瑞典、瑞士和加拿大）符号为负，但不显著。

第二，从短期看，危机后政策利率对出口的短期影响明显减弱。危机前政策利率对出口有显著作用的国家（或地区）有 6 个，危机后减少到 1 个。

第四节 实证的主要启示

根据上述五个 ARDL-ECM 模型的回归结果，总结出以下几点主要结论和启示：

第一，从长期关系看，没有足够的证据表明超低利率（负利率）对宏观经济有显著影响。从政策利率和量化指标与宏观经济几个变量的长期关系看，在 2010~2019 年的负利率时期，8 个样本国（或地区）中仅有 2 个样本国（或地区）（欧元区和丹麦）的政策利率对 GDP 增速有符合预期的显著负向影响；有 4 个样本国（或地区）（日本、欧元区、丹麦和瑞典）的政策利率对投资增速有显著负向影响；有 2 个样本国（或地区）（欧元区和加拿大）的政策利率对消费增长有显著负向影响；没有一个样本国（或地区）的政策利率对出口增速有符合预期的显著影响；仅有 1 个样本国（瑞典）的政策利率对通胀有显著负向影响（见表 5-22）。因此，在金融危机后的负利率时期，没有足够的证据表明超低利率（负利率）对经济增长和通胀有显著影响。

表 5-22　2010~2019 年政策利率对宏观经济有显著影响的国家（或地区）

样本国（或地区）	GDP	投资	消费	出口	通胀
日本		√			
美国					
欧元区	√	√	√		
丹麦	√	√			
瑞士					
瑞典		√			√
英国					
加拿大			√		

在负利率时期，欧元区政策利率和量化货币政策与经济增长的长期关系的回归结果最佳，政策利率回归系数符号为负且高度显著，表明欧元区的政策利率对经济增长有显著影响，政策利率调低 100（1%）个基点会引起 GDP 增速上升约 2.86 个百分点，投资增速上升约 8.06 个百分点，消费增速上升约 2.98 个百分点。另外，同期欧元区量化货币政策系数为正且高度显著，量化指标增速上升 1% 将引起 GDP 增速上升约 0.08 个百分点，出口上升 0.02 个百分点。

第二，全球金融危机后政策利率对经济增长的短期影响减弱了。从反映短期调整的 ECM 模型结果看（见表 5-23），与以往相比，危机后的超低利率时期政策利率对经济增长的影响减弱了。2002~2008 年 8 个样本国中政策利率对 GDP、投资、消费和出口有显著（5%显著水平）影响的国家（或地区）分别有 5 个、

7个、5个、6个，而危机后的负利率时期，这一指标分别降到3个、4个、2个、1个，表明金融危机后政策利率对经济增长的短期影响变弱了。

表5-23 政策利率对经济增长的短期影响

样本国（或地区）	2002~2008年				2010~2019年			
	GDP	投资	消费	出口	GDP	投资	消费	出口
日本	√	√	√				√	
美国	√	√		√		√		
欧元区	√	√	√	√	√	√		
丹麦	√	√		√				
瑞士		√	√	√	√	√		
瑞典	√	√	√	√				
英国							√	
加拿大		√	√					√

第三，负利率时期，8个样本国量化货币政策对经济增长的影响不尽相同。在金融危机后的2010~2019年，3个样本国（或地区）（欧元区、瑞士和瑞典）的量化货币政策对GDP增长有显著影响；4个样本国（日本、美国、丹麦和瑞典）的量化货币政策对投资有显著正向影响；2个样本国（或地区）（美国和欧元区）的量化货币政策对出口有显著符合预期的影响；没有1个样本国的量化货币政策对消费有影响（见表5-24）。从三大需求看，相对消费和出口来说，量化货币政策对投资的作用要更有效。

表5-24 2010~2019年量化货币政策对宏观经济有显著影响的国家（或地区）

样本国（或地区）	GDP	投资	消费	出口	通胀
日本		√			
美国		√		√	√
欧元区	√			√	√
丹麦		√			
瑞士	√				

续表

样本国（或地区）	GDP	投资	消费	出口	通胀
瑞典	√	√			
英国					
加拿大					

第四，负利率时期，美国和欧元区量化货币政策对通胀有显著影响，其他样本国没有影响。金融危机后的 2010~2019 年，在 8 个样本国中仅美国和欧元区的量化货币政策对通胀都有符合预期的显著影响，其他样本国没有影响。

参考文献

［1］巴曙松、邵杨楠、廖慧：《名义负利率及其影响》，《中国金融》2016年第 10 期。

［2］陈浪南、洪英群、陈捷思：《名义负利率背景下货币政策有效性的时变研究——基于欧元区的证据》，《保险研究》2018 年第 8 期。

［3］丁玉：《欧央行负利率政策实施效果研究》，《新金融》2017 年第 1 期。

［4］范志勇、冯俊新、刘铭哲：《负利率政策的传导渠道和有效性研究》，《国际货币评论》2017 年合辑。

［5］郭东放：《日欧负利率政策不可持续》，《中华工商时报》2017 年第3 期。

［6］郭杨：《名义负利率政策是否实现了通胀和汇率调控目标？——基于五个经济体的实证分析》，《南方金融》2016 年第 10 期。

［7］贺力平：《瑞士央行负利率政策的来龙去脉》，《国际金融》2015 年第4 期。

［8］胡海云、王健：《新常态下负利率对我国经济增长影响的实证研究》，《宜春学院学报》2017 年第 39 期。

［9］黄昌利、黄志刚：《开放经济下中国的货币需求函数——基于 ARDL 边限检验法的证据》，《经济学（季刊）》2017 年第 17 卷第 1 期。

［10］金中夏、洪浩、李宏瑾：《利率市场化对货币政策有效性与经济结构调整的影响》，《经济研究》2013年第4期。

［11］乐毅、刁节文：《我国货币政策传导机制有效性实证研究——基于利率传导途径的VAR模型分析》，《金融经济》2013年第16期。

［12］类承曜、魏开朗：《货币政策中不同利率之间的传导机制及对经济的影响——基于VAR格兰杰因果检验的实证研究》，《投资研究》2018年第9期。

［13］黎志刚、尚梦：《利率市场化、实际利率与经济增长的关系研究——基于ARDL模型的分析》，《经济问题》2014年第5期。

［14］廖淑萍：《全球负利率对中国货币政策的影响及启示》，《清华金融评论》2016年第7期。

［15］刘宏海：《负利率货币政策机理与实践》，《中国金融》2016年第7期。

［16］刘嘉琳：《名义负利率政策对欧元区经济增长的影响》，北京交通大学，2019年。

［17］刘明彦：《负利率货币政策能否拯救欧洲经济？》，《银行家》2014年第7期。

［18］娄飞鹏：《国外央行实施名义负利率政策的原因与利弊分析》，《金融发展研究》2016年第7期。

［19］马理、李书灏、文程浩：《负利率真的有效吗？——基于欧洲央行与欧元区国家的实证检验》，《国际货币评论》2018年第二季度合辑。

［20］宋艳伟：《国外银行应对负利率的策略》，《银行家》2017年第2期。

［21］孙国峰、何晓贝：《存款利率零下限与负利率传导机制》，《清华金融评论》2018年第4期。

［22］孙丽、王世龙：《泡沫经济崩溃后日本非常规利率政策效果实证研究——从"零利率"走向"负利率"》，《现代日本经济》2017年第3期。

［23］孙榕：《欧日负利率：良药还是麻药？》，《中国金融家》2016年第5期。

［24］谭小芬、李昆：《负利率的理论基础、实施效果与中国对策》，《国际

金融》2017 年第 5 期。

［25］万光彩、叶龙生：《量化宽松后的日本利率政策效应分析：从零利率到负利率》，《现代经济探讨》2017 年第 6 期。

［26］王勇：《超低利率政策难解结构性问题》，《上海金融报》2019 年 12 月 10 日。

［27］吴秀波：《海外负利率政策实施的效果及借鉴》，《价格理论与实践》2016 年第 3 期。

［28］熊启跃、王书朦：《"负利率"与大型银行的净息差管理策略》，《金融监管研究》2017 年第 2 期。

［29］熊启跃、曾智、王书朦：《"负利率"政策的理论基础、传导机制和宏观经济效果》，《金融监管研究》2017 年第 10 期。

［30］杨北京、张英男：《负利率政策研究及其对我国货币政策操作的启示》，《现代管理科学》2018 年第 10 期。

［31］杨晓宇、阮加：《日本"超低利率"政策传导机制有效性研究》，《价格理论与实践》2018 年第 6 期。

［32］约瑟夫·E. 加农、张舜栋：《负利率：有用但效果有限的政策工具》，《国际经济评论》2016 年第 6 期。

［33］张慧莲：《负利率能否帮助全球经济走出困境?》，《金融与经济》2016 年第 4 期。

［34］钟正生、夏天然：《负利率的使命完成了吗?》，《清华金融评论》2018 年第 5 期。

［35］周大胜：《欧元区负利率政策的内容、背景及影响》，《债券》2014 年第 7 期。

［36］周莉萍：《全球负利率政策：操作逻辑与实际影响》，《经济学动态》2017 年第 6 期。

［37］朱万里、郑周胜：《货币政策调控与宏观经济波动：基于 ARDL-ECM 模型的实证分析》，《当代经济管理》2018 年第 40 期。

［38］Alan Gelb. , *Financial Policies, Growth, and Efficiency*, Bank. Washington, D. C. : World Bank, 1989.

［39］ Carina Moselund Jensen, Morten Spange, *Interest Rate Pass-Through And The Demand for Cash At Negative Interest Rates*, 2015.

［40］ Constancio V., "The Challenge of Low Real Interest Rates for Monetary Policy", https: //www. ecb. europa. eu/press/key/date/2016/html/sp160615. en. html.

［41］ Federico Nucera, André Lucas, Julia Schaumburg et al. , "Do negative interest rates make banks less safe?", *SSRN*, September 8, 2017, https: //ssrn. com//abstract: 3035888.

［42］ Guillaume A. Khayat, "The impact of setting negative policy rates on banking flows and exchange rates", *Economic Modelling*, Vol. 64, 2018, pp. 1-10.

［43］ Heider F. , Saidi F. , Schepens G. , "Life below Zero: Bank Lending under Negative Policy Rates", *Social Science Electronic Publishing*, September 19, 2018, http: //ssrn. com/abstract = 2788204.

［44］ Herve Hannoun, "The impact of ultra low or negative interest rates on financial stability and economic growth", *Modern Bankers*, Issue 6, 2015, pp. 142-146.

［45］ King M. , *Sweden Cuts Rates Deeper into Negative Territory, Says May Go Further*, 2016.

［46］ Martín Uribe, Vivian Z. Yue, "Country spreads and emerging countries: Who drives whom?", *Journal of International Economics*, Vol. 69, Issue 1, 2006, pp. 6-36.

［47］ Maxwell J. Fry, "Saving, investment, growth and the cost offinancial repression", *World Development*, Vol. 8, Issue 4, 1980, pp. 317-327.

［48］ Maxwell J. Fry. , *Money, interest, and banking in deconomic development*, London: The Johns Hopkins Vniversity Press, 1988.

［49］ Pesaran M. H. , Shin Y. R. J. , "Bounds testing approaches to the analysis of level relationships", *Journal of Applied Econometrics*, Issue 16, 2001, pp. 289-326.

［50］ Pesaran, *Microfit* 4. 0, Oxford. Oxford University Press, 1997.

［51］ Randow J. , Kennedy S. , *Negative Interest Rates Less than Zero*, 2016.

［52］ Salem Abo-Zaid, Julio Garín, "Optimal Monetary Policy and Imperfect Financial Markets: A Case for Negative Nominal Interest Rates?" *Economic Inquiry*, Vol. 54, Issue 1, 2016, pp. 215-228.

［53］ Soble J. , *Japan's Negative Interest Rates Explained*, 2016.

［54］ Wijnhoven G. , Kes J. , *Negative Interest Rate Policy of the ECB and Other Central Banks*, 2016.

［55］ Yuzo Honda, Hitoshi Inoue, "The effectiveness of the negative interest rate policy in Japan: An early assessment", *Journal of The Japanese and International Economies*, Vol. 52, 2019, pp. 142-153.

第六章　超低利率（负利率）政策
对我国经济的影响研究

第一节　国外超低利率（负利率）政策实践
特点与理论总结要点

一、实施超低利率（负利率）者以高收入经济体为主

根据 CEIC 数据库，2019 年底已经进入超低利率区间，甚至采取负利率的国家，全部都是 OECD 成员国。在 36 个 OECD 成员国中，有 17 个国家实施了超低利率政策。其中，9 个国家实施了负利率，如表 6-1 所示。按照世界银行人均 GDP 收入分组，这些国家都是高收入国家。一些实施过负利率的央行已相继退出，目前只有日本、瑞典、芬兰、丹麦和欧盟 5 个央行持续实施负利率政策。①

---

① 曾率先并长期实施负利率的瑞士在 2020 年 5 月已退出负利率政策。

表 6-1　截至 2019 年底实施超低利率或负利率的国家及利率水平

序号	国家（地区）	2019 年底政策利率水平（%）
1	日本	-0.1
2	欧盟	-0.4
3	丹麦	-0.29
4	芬兰	-0.32
5	爱尔兰	-0.37
6	斯洛文尼亚	-0.37
7	西班牙	-0.2
8	瑞典	-0.5
9	瑞士	-0.25
10	英国	0.25
11	匈牙利	0.9
12	挪威	0.5
13	立陶宛	0.3
14	美国	0.125
15	加拿大	0.25
16	韩国	0.75
17	澳大利亚	1

资料来源：CEIC。

关于政策利率本身并没有统一的单一利率工具规定，各个央行会根据各自市场环境和利率品种选择不同的利率作为政策利率，甚至同时可以有多种利率成为政策利率，从而形成央行的利率走廊。我们这里讨论的政策利率和基准利率有很大一致性，可以认为是利率走廊的最下限。本章所引用的政策利率分析文献中，部分国家和地区的政策利率如表 6-2 所示。[①] 本章所引用的政策利率数据主要是 CEIC 数据库中的"中央银行政策利率"（季度，期末值）。

---

① 表中日本的无抵押隔夜拆借利率被称为政策利率（The uncollateralized call rate（the policy interest rate that corresponds to the Federal Funds rate of theUnited States）c0092Two Decades of Japanese Monetary Policy and the Deflation Problem）美国联邦基金利率（Federal funds rate）是指美国同业拆借市场的利率，其最主要的是隔夜拆借利率。The federal funds rate is the interest rate at which depository institutions trade federal funds（balances held at Federal Reserve Banks）with each other overnight（https：//fred. stlouisfed. org/series/FED-FUNDS）。由此可见，短期性，甚至最短期限的利率，应该对所谓政策利率的确定有关系。

表6-2 部分代表性国家和地区政策利率①

国家和地区	政策利率工具	2019年末的水平（年化利率,%）
日本	无抵押隔夜拆借利率	-0.1
欧元区	存款利率②（再融资利率）	-0.5
丹麦	存单利率（定存利率）	-0.75
瑞士	3个月LIBOR目标利率	-0.75
瑞典	基准利率③（附买回利率④）	-0.25
美国	联邦基金利率	0.125
中国	贴现率	2.9

资料来源：CEIC数据库。

日本是最早实施超低利率的国家。1999年日本的政策利率（无抵押隔夜拆借利率）首次确定为0，并在2015年末进入负利率政策区间。

二、时代背景相同但具体目标不完全相似

根据其首次采取超低利率（负利率）的时间，实施超低率（负利率）货币政策的国家，除日本外，基本上都是在2008年国际金融危机之后开始实施该政策。日本央行在1999年就采取了0利率政策，在2008年国际金融危机之后，则又进一步把政策利率降为负值。

综合现有文献，2008年国际金融危机不仅是超低利率（负利率）政策出现的历史背景，而且也是导致该政策出现的主要原因。2008年的次贷金融危机是典型的金融危机，即由金融体系内部信用风险爆发所导致的经济危机。这样的危机需要央行，也只有央行才能在金融体系内部发挥直接和重要的政策职能来保证金融体系的稳定。从金融体系内部蓄积和爆发信用危机，进而引发全局性的经济危机，这一点和20世纪二三十年代的大萧条完全一样，都是由于金融体系内部流动性循环出现断裂，由金融信用循环中断扩大并导致部分一般性商业信用循环

---

①③ 政策利率均为年化利率。

②④ pp080317-negative-interest-rate-policies. 见本章图6-1。

中断，从而导致大面积失业和产出下降。通过对大萧条的持续反思和研究，以美联储为代表的央行普遍认为，在金融危机爆发之后，通过及时提供充足的流动性，对稳定金融体系、进而稳定和恢复经济至关重要，这是中央银行必须要承担的责任。在其他价格条件不变的情况下，提供充足的流动性只能通过持续压低利率或者提供充分的货币数量规模来实现。[①]

另外，在发达经济体互联网泡沫之后，在除中国之外大部分国家和地区经济增长乏力，新的技术突破没有出现，老龄化不断加剧之时，2008 年的次贷危机不仅破坏了经济发展环境，其本身更加剧了原本就不断下行的经济增长失速，单一的财政政策或产业政策都不能直接促进更高的资本边际效率，不能进一步提升劳动生产率，此时只能通过货币政策一方面保证金融体系的稳定，另一方面通过资产价格以及间接融资成本的降低来为产业融资提供宽松的环境，并为财政赤字融资创造协调一致的金融市场环境，因而无论是政策利率，还是无风险资产收益率都承受不断下行的市场压力。

经过十年政策实践之后，目前依然采取超低率（负利率）的国家又面临相似的宏观表现，也就是从最初共同应对金融危机，稳定金融体系、稳定经济增长，到共同面临"低增长下的菲利普斯曲线失效"，即普遍出现的低增长、低失业率、低通胀率。虽然失业率不高，通胀率不高，但是大规模的流动性供给、极度宽松的货币政策，并没有出现担心的通货膨胀，反而是 2% 的通胀率普遍不能实现。这一政策实践给出这样的启示，即持续的超低利率，甚至进一步的负利率本身并不会直接对经济运行带来过多的负面效应，反而至少能够取得低失业率和微弱的经济增长。因此，在失业率和低通胀两个政策指标下，持续的低利率没有什么明显的政策成本和不良宏观反应，继续压低利率对财政赤字政策也有一定的辅助功效，其彼此相互配合协调，进一步保证宏观经济的稳定，至于菲利普斯曲线是否继续有效，完全成为一个理论上的讨论，对政策实践本身并无太大意义。

虽然各个国家所面临的宏观经济形势大体相似，政策目标也基本相同，都是

① 参见亚洲开发银行经济学家吉野直树（Naoyuki Yoshino），Implications Ultra Lowand Negative Interest Rates Asia，2018，第 7 页。

为了通缩和产出增长，但当超低利率政策进一步迈向负利率时，诱发负利率政策的市场具体形势和政策欲达成的具体目标并不完全相同。最早选择负利率的瑞典和丹麦，当初只是为了应对金融危机之后，短时间内大规模国际资本进入追逐本币，导致汇率上升（瑞典采取间接汇率标价），本币升值压力过大，从而诱发国内包括房价在内的资产价格迅速上升。日本则是量化宽松和超低利率之后，通胀目标迟迟不能实现，通缩压力导致国内投资下降，投资边际效率持续下降，从而不得不在原有超低利率的基础上，继续把利率推向负值。

三、超低利率（负利率）被称为非常规货币政策但仍具有常规货币政策基本属性

超低利率（负利率）和量化宽松，前瞻指导和特别贷款（或资产购买）一并被称为非常规货币政策，以区别于常规的或传统的、严格受限于零利率下限约束的价格政策以及以存款准备金为主要调节工具的数量型政策。目前包括负利率在内的超低利率政策本身有比较明显的政策边界，都是在金融体系内央行对商业银行的分层货币政策调节，如瑞典、日本和欧盟，负利率政策主要针对超额存款准备金实施，也就是对商业银行的边际存款进行的政策调节操作。

本章认为，虽然超低利率（负利率）被称为非常规货币政策，但从政策指导理念和政策传导机理上看，与量化宽松和央行资产购买操作相比，超低利率和负利率仍然具有传统货币政策的基本特征，主要是央行和商业银行之间的互动行为，通过利率走廊引导商业银行和金融市场改变流动性供给，而不是如同大规模资产购买（LSAP）一样直接向市场注入流动性，并通过资产购买压低收益率曲线而导致利率下行。从这点看，非常规货币政策内的价格政策和数量政策有明显不同。在这个意义上，整个所谓非常规或非传统货币政策并没有对传统的或者一般意义上的货币政策有颠覆性转变，不过是传统或者常规货币政策沿着一个单一方向推进的必然结果。在超低利率、负利率这样政策的实施过程中，政策的理论指导、基本理念和执行方式都与常规货币政策没有根本性区别，只是更加接近零利率下限，甚至越过零利率下限，从央行付费变为央行收费，但政策调节的对象依然是超额存款准备金。就交易关系而言，依然是央行和商业银行之间的政策互

动，而不是金融机构与非金融机构，以及金融机构与居民部门的普遍性交易行为的改变。

四、负利率是常规货币政策单方向实施的必然结果而非政策本质的颠覆

从超低利率（负利率）出现的背景、目的和具体操作看，实际上这是常规货币政策沿着降息单方向推进的必然结果。虽然有零利率下限的约束，但在货币政策无效时，当沿着降息这单一的方向前进时，要想货币政策有效，就只能不断降低利率水平并无限接近零利率。在特定背景和环境下，单向操作的政策只能越过零利率迈向负利率。

到目前为止，负利率实际上还主要是央行和商业银行之间的交易关系，并没有普遍性地出现在金融机构和居民、金融机构和非金融企业之间的交易中，从这个角度看，在央行实际上已成为金融体系的中央调控者这个意义讲，负利率基本上不是市场利率的构成，而仅仅是央行与金融机构之间进行交易性互动时，实现央行金融政策意图的货币调节工具。因此，非常规货币政策依然是货币政策，只是认识更深化，具体操作更加精细、精准和细腻。超低率（负利率）货币政策的实施，对于宏观经济并没有形成直接的颠覆性影响，认识和理论上也没有突破，更没有在金融机构和非金融企业、金融机构和居民部门之间普遍出现，丹麦曾推出的负抵押按揭贷款利率的个别零星案例，[1] 虽然政策意图是促进住房消费增加，但由于房价的快速上升，实际政策效果并没有得到市场支持，仅成为一种理论构想的政策试验。[2]

我们的理解是，整个非常规货币政策和传统货币政策一样，都依然是央行的货币政策，而其他的政策，其操作和调节的对象没有发生改变，依然是以金融体系以及经济运行体系中的货币为对象，以流动性为依据，以相机操作为主要原则的宏观政策。这是货币制度发展到现代，而不是现代货币理论不得不面对的制度

---

[1] 王东京：《"负利率时代"会到来吗》，《学习时报》2020年1月1日第6版。

[2] Stephan Luck, Thomas Zimmermann, "Ten Years Later—Did QE Work?," Federal Reserve Bank of New York Liberty Street Economics (blog), May 8, 2019, https://libertystreeteconomics.newyorkfed.org/2019/05/ten-years-laterdid-qe-work.html.

环境，和不得不接受的制度条件，因此所谓非常规货币政策与传统货币政策的区别仅仅是在具体操作工具和操作方式上，其根本的原理和功能并没有发生改变，所谓非常规货币政策和常规货币政策可以统称为货币政策。

在非常规货币政策中，负利率主要是一个精细的、局部的、金融体系内直接为央行和金融机构相互作用的政策工具，不会直接引发金融体系与其他经济部分的流动性变动，真正能实现货币政策意图，或者导致宏观政策目标的实际上量化宽松政策，我们不妨将其称为新型数量操作，相对于传统的准备金率调节，其最大的特点是央行直接面向市场购买债券。可以认为是现代货币理论的具体表现，也可以认为是财政赤字的货币化，无论用什么样的理论标签对其进行分类或者评价，现实是主要发达经济体在运用货币政策时，量化宽松目前是最基本的或者最直接与最根本的操作，而超低利率（负利率）实际上不过成为量化政策的辅助，即利率政策成为量化宽松的结果又成为量化宽松的目标，两者在理论上虽有明显的差别，但在实践中，却相辅相成，互为因果或互为前提，实际政策效果则是流动性保证下的资本过剩和金融资产价格的持续泡沫化。

五、超低利率（负利率）的出现与自然利率长期下降趋势一致

超低利率的出现很可能并不是短期现象，而是经济发展的长期结果。除了人类历史上，利率本身随生产率提高而不断下降之外，当前的超低利率与 OECD 成员经济长期低迷，尤其是 2008 年金融危机之后的真实产出增长率持续下降有很大关联性。从趋势上看，自然利率的长期下降和产出增速的长期下降趋势是一致的，如图 6-1 所示。关于自然利率的长期下降，有分析将其与老龄化联系起来，观察到其中的关联，如图 6-2 所示。实际上，老龄化的影响是全局性和根本性的。欧洲央行首席经济学家 Peter Praet 认为，"人口老龄化给财政政策带来了众所周知的挑战，但也给货币政策带来了与政策利率有效下限相关的特定挑战。均衡实际利率的下行趋势使央行更有可能触及利率下限"。[①]

---

① 参见 Speech by Peter Praet，Member of the Executive Board of the ECB，at the "la Caixa" Chair for Economics and Society conference，Madrid，17 October 2018。

Aggregated data for member countries of the OECD

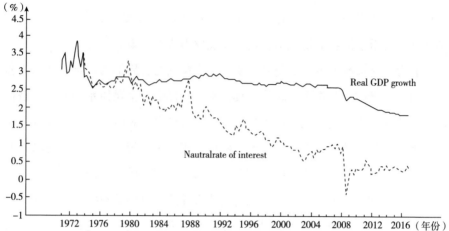

图6-1 OECD国家经济增长与自然利率变动趋势

Source: Researchers' calculations using data from the organisation for Economic Co-operation and Development

资料来源: 转引自 Lukasz Rachel, Lawrence H. Summers , "On Secular Stagnation in the Industrialized World" (NBER Working Paper 26198)。

The Natural Rate of interest and Demographics in the United States

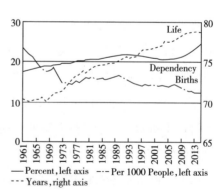

图6-2 美国自然利率下降与老龄化的对比

NOTE: Life, average life expectancy. Dependency, old-age dependency ratio. Gray bars indicate recessions as determined by the National Bureau of Economic Research. SOURCE: FRED *, Federal Reserve Bank of St. Louis; World Bank, UN Population Database; Natural rate of interest estimated by Holston, Laubach, and Wlliams (2017) .

资料来源: Sungki Hong, Hannah G. Shell, "Factors, Behind the Decline in the U. S. Natural Rate of Interest"。

日本的名义利率、核心通胀率与人口年龄结构变动之间有着更为明显的关联性，如图 6-3 所示。

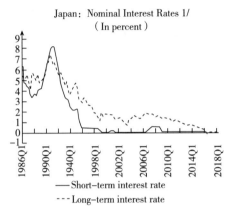

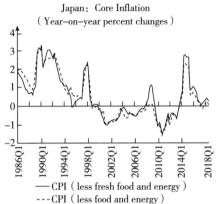

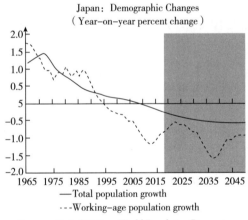

图 6-3　日本长期名义利率、核心通胀与人口增长变化

资料来源：转引自 Han Fei，IMF 工作论文 WPIEA2019031，"Demographics and the Natural Rate of Interest in Japan"。

在一定程度上我们认为，自然利率下行就是超低利率的根本决定因素，超低利率则不过是自然利率下行在政策上的必然表现。利率作为利息的比率，是资金借贷，或者资金供需的价格。负利率的出现，改变了目前为止关于利息的基本认识和定义，因为负利率改变了交易方向，从付费变为收费，从有偿借出变为有偿服务，因此所有关于利息来源的理论解释对负利率都不再有意义，但是抛开负利率的交易方向改变，仅仅从利率绝对值看，现有负利率在改变交易方向的同时，并没有改变利率水平的决定基本机制或者原理，决定利率水平的背后因素依然是资本边际效率，依然是自然利率决定微观层面上储蓄投资转换有偿服务的价格水平。

六、超低利率（负利率）政策效果有限但在实际应用中有普遍化和长期化趋势

虽然传统上认为货币政策的宏观效果难以评价，[①] 而且角度不同，方法不同，评价效果也并不一致，但总体上看，至少在维持金融体系稳定性方面，超低利率政策通过对金融体系内流动性的绝对充足保证，防止了因流动性缺乏而出现系统性崩溃。

国际清算银行对过去10年来的非常规政策做了一个整体评价，其基本结论是：对稳定和保持一定的经济增长，起到了积极作用，主要表现是较低的失业率和总体稳定的金融体系，以及持续上行的资本市场，但对于通缩目标，则在所有实施非常规货币政策的国家，通胀率达到2%的政策追求都迟迟没有实现，出现了低利率、低失业率和低通胀并存的现象。[②] 至于对负利率的评价则比较多样，充满争议，正面的评价和负面的评价都有，总体上认为仍属于实验性质的政策选择，甚至有评价认为是噱头，不具有真正的政策工具价值，而美联储则长期坚持不采用负利率政策。

虽然经过10年的探索实验之后，超低利率政策对稳定金融体系起到了积极作用，对抗通缩效果没有效果，对刺激经济增长效果不明显。但从日本的量化宽松开始，到瑞典、丹麦率先尝试负利率，一直到美国的无限制量化宽松，非常规货币政策在价格上的超低利率和负利率政策实践越来越广泛和深入，采取超低利率的经济体越来越多，越来越多的政策利率水平更加接近零，甚至美联储也传出

---

① 伯南克：《行动的勇气：金融危机及其余波回忆录》。
② 参见 "Unconventional Monetary Policy Tools—A Cross-country Analysis"。

是否采取负利率的声音。不过总体上看，目前采取负利率的央行仍在 OECD 成员的发达经济体内，负利率目前则仍被称为"欧洲现象"。[①]

第二节　短期内我国宜实施超低利率（负利率）政策

一、我国也面临自然利率下行趋势和降息的市场要求

多种研究方法和视角都认为，尽管在下降的过程中表现出较大的幅度和频率波动，我国的自然利率也呈现出逐步下降的趋势，而且名义利率长期高于自然利率。[②] 从这一角度看，我国的货币政策在大的趋势上也要沿着单一的降息方向前进，那么进入超低率，甚至负利率也许就是不可避免的选择。

在自然利率不断下行的同时，市场长期存在降息要求，不过我们认为我国的市场降息要求并不完全构成实施超低利率政策的真实市场要求。长期以来市场不断发出的降息要求，在政策被总结为长期"融资难、融资贵"政策难题，但我们认为这些并不完全是自然利率下降导致的结果，也不是市场对政策的要求，而是我国金融体制改革市场化程度不足的制度因素表现，是利率管制导致的两个市场需求和利率双轨制的表现。

一是利率管制本身实际上形成了融资的制度性歧视，这种歧视与完全市场化的利率价格歧视并不完全相同，其在价格上的表现不仅反映了不同规模、不同所有制企业的风险溢价要求，实际上也反映着资源配置上的制度歧视，各种"弹簧门"和"玻璃门"导致民营企业以及中小企业在发展中面临种种制约，从而导致这些企业进一步发展成长的空间受限，也限制了这些企业在管理和组织体制上

---

① Philip Lowe，非常规货币政策：一些来自海外的教训。
② 邓创：《我国潜在产出——自然利率与均衡汇率的联合估计及其应用》，《数理统计与管理》2012年第 3 期。

的进一步成长，从而在资本市场和信贷市场上不得不受到价格歧视。

二是国有企业的战略地位与金融资源的战略地位在制度上是内生统一的，这是我国的制度特点所要求，这种内生性使国有产业资本与金融资本之间具有优势，从而在价格上出现与民营企业和中小企业不同的利率差。

三是我国的利率市场进程与金融体制改革都还在进行之中，金融监管能力也不完全适应金融体制改革，金融市场化要求。

因此，这种利率降低的要求实际上并不能完全通过直接对政策利率提出要求而实现，因为这在很大程度上是市场化不足的制度性资源扭曲的表现。持续的降准降息并不能直接表现在市场上，而且传导机制与完全市场化的途径也不相同，比如国有商业银行的存在，以及它们的经营管理水平。

二、我国的宏观经济表现并不需要超低利率，更不需要负利率政策

对比实施超低利率和负利率的国家，其主要政策背景和政策目的都是对冲低增长。从这一点看，近期内，至少在"十四五"时期，我国的宏观经济表现并不需要超低利率，更不需要负利率政策。据我们的推算，至少在"十四五"时期我国经济的潜在产出还能保持5%左右的中高速增长，那么现有的货币政策继续保持稳健并无不妥，也并无不适，故利率可以下降，但未必需要快速下降到超低利率甚至负利率水平。另外，无论是根据剑桥方程，还是费雪公式，如果我们保持5%左右的宏观经济增长，那么名义货币供给也要保持与之相对应的增长，并且还要适度领先。那么，我国的货币政策更需要保持中性原则，否则不同于充分国际化的发达经济体，过量的货币增加在我国很可能引发通胀压力，而不是对抗通缩。虽然目前我国的PPI持续走低，但CPI长期在2%以上，而且季节性波动却时有超过3%。在人均收入仍处于中高收入水平，而收入分配结构差异不断扩大，我们很有可能面临这样的局面，即如果有效需求不足导致潜在产出增长乏力而有可能引发通缩出现时，如果采取过量的货币供给，或者过于宽松的货币政策来对冲，则不仅同样不能取得抗通缩的效果，而且还很有可能导致通胀压力上升，以房价为代表的资产价格很可能也同时更集中，更迅速地上升。

本章之所以有这样的判断主要基于这样一个思考：尽管我们已经深度融入全

球化之中，从商品的供需结构上可以在全球范围内进行资源配置，从而通过国际市场调整国内通胀压力，但是因为我国的人民币还不是主要国际储备货币，我国还实行资本管制和利率管制，人民币的国际化程度和利率市场化程度和那些采取超低利率（负利率）的发达经济体并不完全一致，我们缺乏通过货币政策实现外部吸收的弹性。货币政策的改变最终还是主要通过内部吸收来实现，因此潜在的通胀压力无法通过外部市场转移或者释放，而只能在国内通过内部吸收实现，在这个过程中，通胀应该是大概率上升。虽然自然利率在下行，而且名义利率已经高于自然利率，从资本边际效率上看，降息是内生性的，但从市场环境上看，反而因为潜在通胀压力而使货币政策必须保持谨慎。

三、我国近期内距离超低利率（负利率）政策还有足够政策操作空间

从理论上讲，如果货币政策只能单边操作，也就是只能单方向调节，只剩下持续不断地降息这样的通道，那么最终也会使我国货币政策迈入超低率区间。然而，从技术上看，我国的政策利率距离超低利率还有较大距离。在目前人民银行的货币政策工具中，[①] 代表利率政策的 1 年期 LPR 为 3.85%，贴现率为 2.9%，5 年期以上 LPR 为 4.65%。[②] 在公开市场上，2020 年 6 月人民银行进行的 7 天逆回购操作中，中标利率降到 2.2%。[③] 我们按照利率走廊的理念，从技术上看，如果按照最低的 7 天逆回购利率，则目前其与我们定义的 1% 以下还有 1200 个 BP。假设按照目前的降息幅度，即每次大约 20 个 BP 下降[④]，则即便每个季节下调 20 个 BP，也还有大约 60 多个季度，也就是 15 年的时间才会把利率走廊下限压到 1% 以下。如果考虑到货币政策与市场预期，以及市场预期对潜在产出的影响，如此频繁的操作是不可能的。实际上人民银行的降息频率平均是以年为单位进行操作的。因此，仅仅从技术上看，货币政策操作还有很大空间才能进入超低利率。

---

① 参见 http://www.pbc.gov.cn/zhengcehuobisi/125207/125213/125440/3876551/4026122/index.html。
② 2020 年 5 月 20 日贷款市场报价利率（LPR）。
③ 公开市场业务交易公告［2020］第 118 号。
④ 由于人民银行的公开市场操作和 LPR 都是高频市场行为，和基准利率的调整频次有很大不同，而基准利率被称为严格意义上的政策利率，或者说是我国利率管制的标志，其调整周期很长。

从制度和市场环境看，超低利率（负利率）与超额剩余和超额储蓄密切相关。但问题是，中国的高储蓄并没有导致商业银行出现超额储蓄，而且和世界主要银行的存款准备金率相比并不高，目前的利率管制，多样化货币政策工具和结构化操作，都取得和超低率（负利率）政策相似的效果，那么只要这些政策工具依然有效，就没有必要进行非常规货币政策选择。

第三节　实施超低利率（负利率）政策也是潜在可选政策准备

一、如果某些条件发生急速变化也可以采取超低率政策

第一个情况就是潜在产出增长持续失速，如果出现类似 2020 年第一季度的情况，而且持续一年以上，那么首先需要稳定的就不仅是经济增长和金融体系的稳定，而是社会总体稳定的要求。在这样的情况下，一定需要一系列稳定政策相互配合确保社会不会出现动荡。那么在金融稳定方面，就需要货币政策确保流动性的充裕以满足金融体系稳定性要求，避免发生整个经济体系因为金融环节流动性不足而出现"失血性"休克。在这样的情况下，有可能实施配合各种财政政策的超低利率，甚至会实施负利率。因为在这样的情形下，商业银行出于自身风险防范的考虑会出现超额存款准备，会对贷款投放更加谨慎，需要央行采取更加激进的措施对商业银行进行刺激促使其进行资产扩张。

第二个情况就是即便产出没有持续性收缩，但产出滑落到低位，跌出预计的潜在增长率，导致全社会就业压力大增，出现普遍性失业尤其是结构性失业，则很有可能需要财政出台促进消费，确保社会稳定的财政政策，这样的政策必须有货币政策配合，无论是否成为现代货币理论所谓的赤字货币化，央行都必须要在数量上对财政政策的实施提供某种支持，在具体操作上很有可能通过国债收益率曲线的不断下压而致使利率进入超低空间，甚至负利率空间。

第三个情况就是全球化逆流之下，中美两个经济体各自发展相对独立的经济技术体系，在全球出现交叉重叠，对人民国际化提出更高要求和更大挑战，是否解除资本管制，是否保留美元储备，是否加快利率市场化，是否加快汇率形成市场化，都会对货币政策提出更大挑战。在这个过程中如果某种结构性转换导致汇率出现瞬时剧烈波动，则也可以比照采用超低利率（负利率）。

二、实施超低利率（负利率）政策需要一定的市场环境条件

根据我们对国外超低利率（负利率）实践的观察和理论认识，对于超低利率（负利率）之"超低"和"负"不必有过度的理解、担忧或解读，无论所谓超低或者非超低，不过都是货币政策空间内的调节幅度和调节方向而已。但是，进入超低利率（负利率）空间之后，有一些市场条件或制度环境却显得更为重要。

首先，利率市场化必须达到一定程度。商业银行成为较为成熟和独立的信用管理机构，而且对市场利率很敏感，否则在利率双轨制下，在资源配置不完全市场化条件下，其资产利率弹性在利率进入超低空间时并不会有增加。事实上，国外的实践也证明，超低利率（负利率）对不同的商业银行有着完全不同的影响，有些商业银行很敏感，而有些商业银行的资产配置对此没有任何弹性。

其次，利率政策传导机制的完善。这主要是整个金融体系的完善，尤其是货币体系内国有商业银行的改革和非国有银行的进一步发展，以及资本市场的不断健全发展，投资渠道的不断扩展和投资品种的创新丰富。但这有可能触及国有经济或者公有制经济的根本特征，即超低利率导致的利差持续收窄对国有金融资本以及国有资产的风险影响。

最后，金融市场的监管与治理能力的配合。在进一步放宽民间金融发展的同时，如何提高监管能力不仅是金融监管本身的内生要求，也是现代治理体系建设和现代治理能力提升的要求。这是市场化发展过程中政策主体的自我反应，也是政策主体主动调节市场的积极探索，政策和市场彼此可成为改革互动的因果关系，也可以彼此成为条件和推动。

简言之，如果我国要为未来的宏观经济形势出现极端情况而准备超低利率，其至为负利率的货币政策做准备，则有必要加快利率市场化进程，以及金融体制改革进程。这不仅为应对极端情况做准备，也是宏观经济自身防范极端情况的内在要求。

三、实施超低利率（负利率）政策需要进一步完善宏观政策协调配合机制

我国有自己独特的宏观调控机制，这是我国制度优势的具体体现。但是，自从货币政策和财政政策彼此相对独立以来，在我国尤其还有产业政策、土地政策以及投资政策等彼此分隔独立存在的局面下，可以被统一概括在宏观调控政策概念框架内的各项宏观政策如何彼此配合，缺乏稳定有效的机制，更缺乏稳定统一的理论指导，从政府与市场的关系开始，一直到具体的财政赤字政策和货币政策的关系，到土地资源与财政的关系，到国家战略框架内的投资宏观管理与部门和地方利益之间的协调，以及地方政府的事权财权关系，以及政治和经济责任，其实缺乏一个完整的、内在逻辑严密的理论体系，目前各类宏观政策基本上是根据自己部门的理解，各取所需，因此在政策实施的协调配合机制上，也表现为部门利益大于总体宏观利益。

如何更好地发挥我国体制优势，创新更加协调一致又与市场兼容的宏观调控，也是采取超低利率（负利率）时必须统筹考虑的前提条件。

第四节 我国实施超低利率（负利率）政策存在不确定性

一、实施超低利率对维持经济增长可能无直接效果

当某些极端条件出现，也不得不采取不断降低利率的货币政策，甚至有可能采取负利率，主要是从刺激金融机构实体的行为上而言，而不是流动性的保障要求，因为就保证流动性的充裕性而言，利率政策并不是唯一，甚至不是主要的政策选择，量化宽松可能才是保证流动性的主要措施。况且单一的货币政策本身很难对宏观经济产出有直接和明显的作用，其政策效果更多表现在短期金融体系的稳定上面。因此，假如从此时起，如果我们的货币政策或者利率政策沿着下降的单一方向持续前行，而宏观经济表现又迟迟无法改变下滑局面，甚至出现某种极端，那么可以从几个方面看，如果极端局面是外生的意外冲击，则迅速地调整利率政策，对经济主体短时期内通过成本降低而减缓冲击影响应该是有效的。但如果不是外生的意外冲击，是长期趋势性的改变，则从现在开始的宏观经济产出增速下降并不能依靠利率政策来扭转，甚至不能依靠单一的利率政策来减缓增速的下降。但是，作为货币政策的重要工具之一，通过利率政策来调节或者刺激金融主体的行为方式，从而辅助实体经济主体的经营，减轻其成本，不断降低的利率政策也是无害的。从实际来看，国外的政策实践已经表明超低利率对总产出的增长贡献并不明显，而我国最近几年 GDP 的增速下滑与政策利率和市场基准利率的稳定之间也表明，利率政策对 GDP 增速的改变不会有直接影响，如图 6-4 所示。

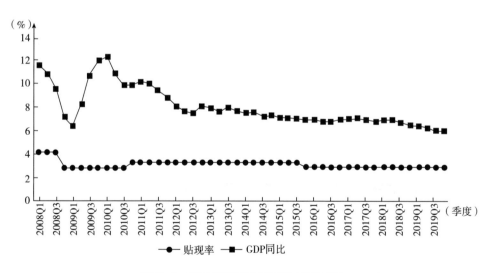

图 6-4　2008 年以来贴现率和 GDP 同比

资料来源：CEIC 数据库。

图 6-6 中可以看出，2008 年出现剧烈波动时，利率政策迅速调整和总产出的迅速恢复之间有很大的同步，但 2010 年第四季度从 2.79% 调升到 3.25%，则

与同期总产出增速的下降之间已经开始出现背离，2015 年第四季度从 3.25%下调至 2.9%之后，总产出的增速变化基本上与政策利率无关。粗略地观察可以认为，在意外冲击的时候，利率政策作为货币政策的组成要件，与其他政策相配合，可以对应对冲击产生作用。但在应对周期性趋势变化方面，利率政策的效果并不明显。虽然在央行和商业银行之间的调节中，各种利率政策工具都在不断压低价格，但是总的货币供给依然依靠非利率的政策工具来实现。当然，如果反证，也有理由说明如果不采取特定的货币政策，可能会出现更为恶劣的宏观经济效果。另外，货币政策的宏观政策目标主要通过金融体系来实现，而总产出的影响因素相对较多。总体上，并不会直接表现出来。从 IS-LM 模型来看，进入超低利率政策，其被动性恰恰是货币政策无效的结果，基本上就是流动性陷阱的水平。因此，此时进一步降低利率，只能是辅助财政政策扩大投资支出，是 IS 曲线外移，从而导致均衡产出增加。但是，如果货币政策的低利率不能使投资增加，或者与财政政策配合不当，则 IS 曲线能否扩张性外移，则很难预料。总体上应该不会左移，从而降低产出。因此，价格型货币政策也是应有政策选项。虽然超低利率政策有可能是财政政策的另一种表现形式，但本章并不将其称为财政赤字货币化。但在被迫采取超低利率政策时，财政赤字一定是要扩大的，而与之配合的货币政策没有理由维持更高的利率水平，因此低利率是财政扩张政策的内在要求。此时，扩张性财政政策本身有可能迫使 IS 曲线右移，至于幅度有多大，很难预测。不过，在本章的讨论中，负利率不在此讨论范围之内，即便是进入超低利率空间，既无必要，也无可能进入负利率，故不在预测范围之内。

二、超低利率有可能促进投资维持一定幅度增长

投资是利率的函数，但前提是利率是市场化利率，也就是普遍性的有效投资，能够进入投资成本的利率才有意义，这一点在我国相对比较复杂。因为投资不仅受利率的成本制约，也受投资收益的制约，首先是投资收益或者说投资机会的存在引发投资冲动，才会考虑投资成本的制约。从最近几年我国投资增速（名义）和基准利率之间的关系可以看出，投资增速的下降与利率的变动之间基本上没有很明显的关联性，如图 6-5 所示。

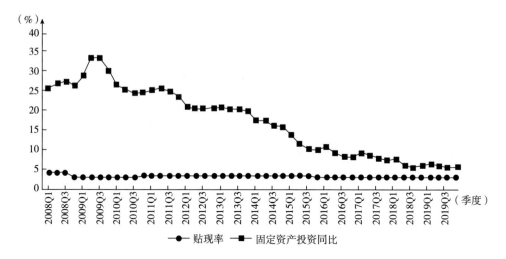

图 6-5　2008 年以来贴现率和固定资产投资同比

资料来源：CEIC 数据库。

　　但是，从投资包括政府投资，以及占比较高的国有投资角度看，利率水平的变化，对投资支出的影响不会十分明显，因为这部分投资长期以来并不完全受利率的成本制约，而更多是由需求所决定。当超低利率出现时，利率市场化进程应该已经达到改革预期的阶段，实现预期目标，双轨制得以消弭的情况下，应该会对投资有较大的促进。但事实上，随着利率水平的变化，我国投资的增速并未有相似的变化。

三、超低利率对消费的影响可能会存在时滞

　　利率对消费的影响与投资的影响是反向的，但又受消费模式的影响。中国消费者的消费模式总体上还以现收现付的形式为主，借贷消费的比例并不高，因此利率对消费的促进不会那么直接，还要通过其他方式实现。一是资产估值的财富效应，主要是房产估值导致的资产财富效应。根据目前主要的研究结论，房产的财富效应总体上为正，但对支出的影响并不明显。二是供给侧价格变动的收入效应，主要是利率的下降导致供给侧成本下降有可能降低价格，从而引发消费者收入效应。但无论哪一种，都存在时滞，只有消费模式发生根本性转变，才有可能

使消费随着利率的快速下降而有所增加。这可以从利率变化对产品价格变化产生的收入效应表现出来，也可以从利率本身导致劳动分配相对提升表现出来。但前提是，政策利率的变化能够很有效地传导至分配机制效应上，目前来看，无论是国外，还是国内的时间，利率的变化对消费变化的影响虽然呈正相关，但传导机制却存在较大时滞。

目前，我国政策利率和消费增速变化之间并没有直接关联性，如图 6-6 所示。

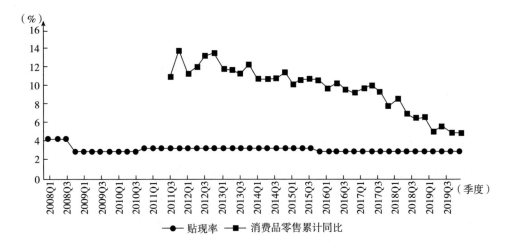

图 6-6　2008 年以来贴现率和全社会消费品零售同比

资料来源：CEIC 数据库。

从国外的实践看，利率对消费增长的促进也不是那么明显，在消费成为 GDP 主要构成的前提下，利率变动对 GDP 增速的影响其实也就反映了对消费增长的影响。

四、超低利率对净出口的政策效果可能不明显

超低利率对进出口的影响主要通过对进出口成本和汇率水平而发挥作用。利率降低可以降低出口者成本，但对汇率的影响难以确定，因而对进口的影响不那么明显和直接。一般而言，低利率政策通常会导致币值低估，从而对进口有一定

抑制，对出口有促进，但汇率的变化还受其他国家币值的影响，所以政策效果总体上并不那么直接明显。

按照支出法，目前净出口在我国总产出中的占比很低，[①] 就宏观经济而言，超低利率通过净出口对总产出产生影响应该不是政策可能的传导途径，至少不是主要或者重要的传导途径。而且，政策利率无论是对出口、进口还是净出口都没有直接关联，如图6-7所示。

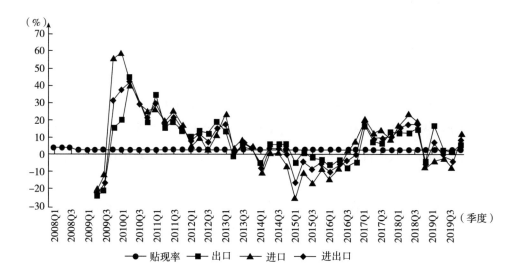

图6-7　2008 年以来贴现率和进口、出口以及进出口同比

资料来源：CEIC 数据库。

第五节　我国实施超低利率（负利率）政策的风险和防范

如果在条件不具备时，贸然实施超低利率，或者在极端情况下不得不实施超

---

① 见历年《中国统计年鉴》。

低利率时，而当时的市场环境和金融体系条件都还没有完全适应，该政策可以预见的风险主要是资产价格过于集中泡沫化，从而加剧系统性金融风险的集聚。

一是在我国现有资本市场环境，以及居民预防性储蓄习惯和投资能力下，居民预防性储蓄没有更分散、更合理和更稳妥的资产选择通道，银行储蓄还是主要选择，国债和地方政府债也成为居民金融资产配置的主要选择，这一方面使名义利率不能过快下降，另一方面又通过收益率曲线而不断压低利率，如果贸然实施超低利率，则在心理上和预期上导致居民储蓄更为保守谨慎，有可能加速通缩的出现。

二是一旦实施超低利率导致居民储蓄通道受阻，必然导致储蓄向其他金融资产转移，在当前资本市场条件下，居民可选投资渠道相对狭窄，则可能会使储蓄资金更为集中流向有限的资产，主要是房地产、股票和国债等，从而有可能使其价格更加集中泡沫化。整体的城镇化政策、房地产政策、产业发展政策，甚至养老政策都面临更大的资产价格泡沫化风险，从而大大加大了系统性金融风险防范的难度。

三是超低利率政策在不恰当条件下贸然实施，在我国还有可能在宏观经济表现上出现滞胀，不仅不能刺激经济增长，反而陷入低增长。高通胀的局面，主要原因还是目前我国的内部吸收和外部吸收之间受到较为严格的管制，这一方面起到了防火墙的作用，另一方面也带来了内部消化不足时无法与外部吸收更好联结。无论是货币上因资本流动限制导致人民币国际化受阻，还是资本管制下居民消费和企业消费对外汇的需求管理，都会因为内外部两个市场环境在主权货币地位的维持和国际储备选择之间产生更大的冲突。

我国实施超低利率（负利率）还仅仅是一个理论上的极端情况，在这种极端情况下，可能的风险是明显的，对应的防范措施也是明确的，因此尽可能不要采取极端的货币政策，应该坚持《人民银行法》所提出的以稳定币值为根本宗旨来设计和创新货币政策。从人民银行现有货币政策工具来看，主要有公开市场业务、存款准备金、中央银行贷款、利率政策、常备借贷便利（SLF）、中期借贷便利（MLF）、抵押补充贷款（PSL）、定向中期借贷便利（TMLF），其中后四项都是创新性结构性货币政策工具，在这些政策工具基础上继续探索创新，基本上还是能适应现有制度条件和市场环境对货币政策的要求，只是利率政策本身可能需要更加市场化的推进，从而更好地发挥利率走廊优势，为商业银行的市场化改革提供经营政策条件，进一步完善金融体系改革。

参考文献

［1］《危机以来中央银行货币政策演进史：以日本为例》，https：//wisburg. com/articles/180852，2017 年 10 月 22 日。

［2］伯南克：《行动的勇气：金融危机及其余波回忆录》，中信出版社 2016 年版。

［3］邓创：《我国潜在产出——自然利率与均衡汇率的联合估计及其应用》，《数理统计与管理》2012 年第 3 期。

［4］王东京：《“负利率时代”会到来吗》，《学习时报》2020 年 1 月 1 日第 6 版。

［5］姚遂、李健：《货币银行学》，中国金融出版社 1999 年版。

［6］Christopher J. Neely，"Negative U. S. Interest Rates"，*Economic Synopses*，February 4，2020，https：//ideas. repec. org/a/fip/fedles/87657. html.

［7］Han Fei，*Demographics and the Natural Rate of Interest in Japan*，2019.

［8］IMF Policy Paper，*Negative Interest Rate Policies-Initial Experiences and Assessments*，2017.

［9］Naoyuki Yoshino，*Implications Ultra Low and NegativeInterest Rates Asia*，Asian Development Bank Institute，2018.

［10］Philip Lowe，"Unconventional Monetary Policy：Some Lessons From Overseas"，November 26，2019，https：//www. rba. gov. au/speeches/2019/sp－gov－2019-11-26. html.

［11］Stephan Luck，Thomas Zimmermann，"Ten Years Later—Did QE Work？" *Federal Reserve Bank of New York Liberty Street Economics*（*blog*），May 8，2019，https：//libertystreeteconomics. newyorkfed. org/2019/05/ten－years－laterdid－qe－work. html.

［12］Sungki Hong, Hannah G. Shell, "Factors Behind the Decline in the U. S. Natural Rate of Interest", *Federal Reserve Bank of St. Louis*, April 11, 2019, https://ideas. repec. org/a/fip/fedles/87636. html.

第七章　超低利率（负利率）对我国资产价格的潜在影响探析

第一节　超低利率（负利率）对资产价格的影响综述

一、利率与资产价格

投资者持有债券、股票或不动产等资产，一方面可以获得相应的利息、股利或租金等收益，另一方面可以将资产在二级市场出售，获取资本利得。如果投资者属于风险中性，那么资产的基本价值应等于预期未来收益的折现值。根据 Gordon–Shapiro 资产定价公式，资产价格 P_t 可以表示为式（7-1）：

$$P_t = \frac{D_t}{R-g} \tag{7-1}$$

其中，D_t 表示股利或租金，假设股利或租金变动与经济增速 g 保持一致，R 是贴现率。

1. 利率与债券价格

式（7-1）同样适用于债券等固定收益类资产，以定期付息、到期还本 N 年期债券为例，债券价格为式（7-2）：

$$P_t = \sum_1^N \frac{D}{(1+R)^n} + \frac{B}{(1+R)^N} \qquad (7\text{-}2)$$

其中，D 表示债券利息，B 表示债券本金。债券属于固定收益类资产，利率下降，未来收益的贴现值将上升，投资者对债券的需求上升，债券价格上升、到期收益率下降。正常情况下，宽松货币政策可能刺激投资者的通胀预期，投资者预期远期利率会上升，对长期债券的需求会下降，长期债券到期收益率下降幅度将低于短端利率，甚至可能会上升，债券收益率曲线会变得更加陡峭。

2. 利率与股票价格

短期内，其他变量保持不变，利率下降，股票未来现金流的折现增多，股票价格将上升。在长期内，政策利率还会通过影响宏观经济均衡影响股利。总体来讲，利率对股票价格的影响机制包括三个方面：

一是资产组合替代效应，利率下降，银行存款等固定收益类资产的收益率下降，对居民的吸引力减弱。居民对股票的需求上升，股票市场将吸收更多的流行性资金，股票价格上升。

二是影响股票内在价值，利率下降时，企业融资成本下降、经营状况好转，每股预期收益上升，同时股票定价的折现率下降，这些因素都将促进股票价格上涨。

三是预期效应，政策利率调整是一种政策信号，利率下调，居民预期未来经济会好转，对股票等风险资产的需求增加，推动股票价格上涨。

3. 利率与房地产价格

房地产业属于资金密集型产业，政策利率变动对房地产的供给和需求均有影响。从供给端来看，房地产开发商通过银行贷款或发行债券进行房地产开发，利率下降，房地产开发商面临的资金约束放松，对银行信贷的需求上升，房地产开发力度加大，有利于增加房屋供给。但是，房屋建造耗时长，手续复杂，房地产供给对利率变动的反映存在时滞。从需求端来看，房地产需求对利率调整的反应要敏捷得多。居民主要通过房屋按揭贷款购买住房，利率下调，居民的融资成本下降，对住房的需求上升。而且，房屋具有很强的投资品属性，利率下降导致银行存款和债券等固定收益类产品收益下降，为了实现资产保值增值，居民倾向于将其他财富转移至房地产。综上所述，由于房地产供给变化存在时滞，房地产需求对利率的反映很灵敏，因此利率下降可能导致房价在短期内显著上涨，甚至出现超调。

二、超低利率（负利率）与资产价格

超低利率政策是宽松货币政策的延续，会通过降低股息或租金等资产现金流的贴现率提高资产的内在价值，也会通过财富转移效应增加风险资产的需求，进一步推高房地产价格。同时，在超低利率（或负利率）背景下，投资者的行为和预期可能出现新变化，资产价格变动也会表现出一些新特征。

1. 超低利率推升长期资产价格

超低利率政策背景下，短期资产收益率下降至极低水平，保险公司和养老基金等机构投资者出于维持收益和安全性考虑，对长期债券的需求会显著增加，长期债券的长期收益率的下降更明显，甚至低于短期债券。同时，超低利率通常伴随经济衰退和通货紧缩，如果超低利率政策并未成功刺激投资者的通胀预期，那么长期债券的收益率下降幅度会更大，甚至为负。自金融危机以来，多国相继尝试推出超低利率（或负利率）政策，这些国家相当规模的中长期国债收益率已经为负。全球负收益率债券规模已近 16 万亿美元，占全球总债券余额的 30%（王广宇，2020）。Wu 和 Xia（2018）指出，负利率政策对收益率曲线长端的影响可分为两部分，一是政策利率调整本身，二是货币政策调整包含的前瞻指引（Forward Guidance）。

2. 超低利率推升风险资产价格

在超低利率环境下，保险类、基金类金融机构的资产配置压力会非常大。投资者为了维持既定的收益或者减缓收益下降，不得不加大对风险资产的投资，导致高风险资产与低风险资产间的利差缩小，高收益债券或股票等风险资产价格将显著上涨。超低利率政策会催生金融资产价格泡沫，尤其是高风险资产的价格泡沫。IMF 在 2019 年 10 月发布的《全球金融稳定报告》中，研究了包括美国、欧盟、日本在内的八个主要经济体并提出警告，由于利率超低，投资者购买的高风

险债券总额已经达到 19 万亿美元。

超低利率政策降低了企业，特别是大型优质企业的融资成本，但由于经济不景气、缺乏投资机会，企业将债务融资所得资金用于回购企业股票，进一步推高股票价格。近年来，美国上市公司股份回购数量显著增加，2019 年预计达到 1 万亿美元，企业的杠杆率明显上升①。2015 年末，ING 曾经对 15 个国家的 13000 位储户对负利率政策的反应进行调查，只有约 12% 的人表示会增加消费，45% 的人表示会提取现金自己保管，43% 的人表示会增加股票、债券等其他金融投资。由此可见，超低利率背景下更多的资金将会涌向风险资产，推高风险资产的价格（徐奇渊，2016）。

对于不动产而言，当利率下降至超低水平时，房地产开发商获得银行贷款的利率没有下降空间，房地产生产和供应面临的其他非资金成本约束会凸显，如土地供给约束。此时，不动产市场将完全由需求方主导，资产价格进一步上升的可能性加大。

3. 超低利率不利于金融稳定

宽松的信贷环境以及低利率水平是危机前夜资产价格暴涨的重要条件。虽然发达国家推行宽松货币政策旨在提振本国经济，但在负利率政策之下，金融机构持有过多资金而没有贷款相应约束机制，过度宽松的信贷环境将放大股票市场风险，使短期借贷资金大量涌入股票市场，加速资产泡沫的成长。在负利率政策之下，安全资产的回报率低于非负利率政策，会反向激励高风险偏好的投资者通过借贷进入风险资产市场。Rajan（2006）认为负利率效应下丰富流动性供给可能会增强基金经理们的冒险行为（Risk Taking），造成资产价格泡沫和金融系统不稳定。当流动性充裕时，基金经理会把投资集中于流动性越来越差、信用级别越来越低、风险越来越大的资产项目上。Klaus 等（2008）构建了一个带有学习效应的基于资产定价的标准消费模型，在模型中利率政策和资产价格的波动是有关联的，即使参与者有较大的风险规避偏好，负利率和流动性过剩的宏观经济条件也会推动资产价格膨胀。White（2006）认为，如果负利率在较长时间持续，边

---

① 参见 https：//www.livewiremarkets.com/wires/the－unintended－consequences－of－ultra－low－interest－rates。

际投资项目就会得到融资满足，信贷就会膨胀，会导致投资和资产价格上涨。一旦这些边际的投资项目失去可持续性，发生破产，就会导致持续严重的经济衰退和资产价格迅速下跌，不利于金融稳定。

三、货币政策与资产价格变动的实证研究

资产价格与货币政策的关系一直是货币政策及其传导机制研究中的重要问题。研究一方面集中于货币政策是否影响资产价格，通过何种途径影响资产价格，另一方面关注中央银行在制定货币政策时，是否应当把资产价格纳入货币政策目标之内。研究一般用政策利率或货币市场基准利率来代表货币政策变量。普遍认为，货币政策和资产价格是相互影响的，不同的资产价格之间也是相互影响的。资产价格除了受到货币政策的影响，也受其他因素影响，因此在实证研究中，很多文献倾向于通过联立方程、VAR 脉冲响应、GMM 等方法研究货币政策与资产价格的关系。

Rigobon 和 Sack（2002）研究货币政策冲击对资产价格的影响，短期利率上升将导致国债收益率曲线整体抬升、变平坦，长期利率受到的影响会更小，短期利率上升将导致股票价格下跌。Bernanke（2003）指出，联邦基金利率意外变动25 个基点，将会使股价反向变动 0.75 个至 1.5 个百分点。Burgonio 和 Maricel（2009）研究了实际利率、名义利率对房地产价格的影响，利率的变动可以解释市场价格水平。Horn（2008）认为负利率削弱了房地产行业的成本约束。Cho（2012）研究认为利率与房地产需求成反比，负利率将导致投资和房地产价格同时上升。

曾华珑等（2008）利用联立方程模型和 VAR 模型分析了利率对资产价格的冲击，结果显示，利率对房价有显著的负向作用，对股价有显著的正向作用，房价及股价对利率的影响很小。乔海曙和陈志强（2009）表示，负利率导致房地产市场的成本约束失效，同时会激化财富收益效应，强化房价上涨预期最终形成资产价格泡沫。实证检验显示，负利率对房地产需求形成扩张冲动，对供给没有明显的刺激。梁爽（2010）研究了中国货币政策和资产价格之间的关系，结果显示股票市场对利率的反应是正向的，房地产价格对利率的反应也是正向的。李芳芳

等（2019）将资产价格分解为基本面成分价格和泡沫成分价格，宽松的货币政策会导致自有现金流的增加和贴现率降低，导致资产基本面成分价格上升；宽松货币政策对泡沫成分的影响是不确定的，主要是因为泡沫的影响因素是多方面的。其采用时变参数结构向量自回归模型（TVP-VAR）研究了我国利率变动对资产价格和资产价格泡沫的影响，结果显示，低利率政策会导致股票资产价值升高，利率变动对资产价值和资产价格泡沫的影响存在时变性，各指数间也存在较大差异。李北鑫等（2020）针对欧元区和日本分别构建了七变量 TVP-SV-VAR 模型，实证分析发现，负利率对资产价格的脉冲响应具有明显的时变特征。对于欧元区，负利率刺激短期股市与债市繁荣，引发房价的震荡上行，但推升大宗商品价格不明显。对于日本，负利率加大推升债券价格的力度，对股价的负面冲击有所减弱，且短期内可推动黄金、白银等大宗商品价格上行，刺激消费端引发房价上涨。

第二节　利率政策调整与资产价格变动：来自中国的特征事实

一、我国尚未实施超低利率政策

我国中央银行有好几种政策利率，如存贷款基准利率、再贷款再贴现利率、（超额）存款准备金利率、常备借贷便利利率（SLF）、中期借贷便利利率（MLF）、回购/逆回购利率等，但由于我国目前正处于由数量型调控向价格型调控转型中，在存贷款基准利率很少调整的情况下，我国中央银行政策利率体系中并没有主导利率，各种政策利率独立调整（王华庆、李良松，2020）。从我国各类政策利率调整情况来看，我国尚未实施所谓的超低利率（或负利率）政策。尽管如此，如果用一年期定期存款利率表示名义利率，CPI 月度同比表示通货膨胀水平，那么自 2001 年以来，我国有将近一半的时间实际利率为负；如果以非食品 CPI 月度同比表示通货膨胀水平，那么我国仅在 2016 年 9 月至 2019 年 5 月和 2020 年 1 月出现过实际负利率（见图 7-1）。

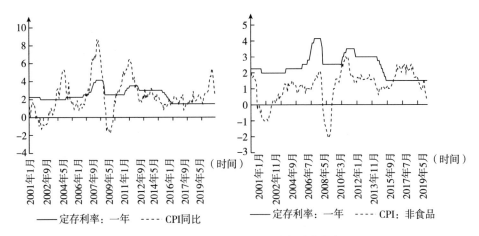

──── 定存利率：一年　---- CPI同比 ──── 定存利率：一年　---- CPI：非食品

图 7-1　一年期定期存款利率与价格指数

资料来源：Wind 数据库。

目前，我国货币政策正处于由数量型调控向价格型调控转型阶段，利率市场化改革尚在推进。在利率管制时期，一年期定期存款利率是市场最关注的政策利率。我国分别于 2013 年 7 月和 2015 年 10 月取消贷款利率下限和存款利率上限。虽然目前我国仍然保持存贷款基准利率，但最近一次存贷款基准利率调整已经是2015 年 10 月 24 日，中央银行已经近五年没有对存贷款基准利率进行过调整。同期内，中央银行不断加大货币政策工具创新力度，推出常备借贷便利（SLF）、中期借贷便利（MLF）、抵押补充贷款（PSL）和定向中期借贷便利（TMLF）等货币政策工具。由于 MLF 投放更频繁、规模更大，MLF 利率逐渐发展成当前市场最为关注的中央银行货币政策利率。2019 年 8 月，央行推出贷款市场报价利率（LPR）作为商业银行新发放贷款的定价基准，LPR 与 MLF 利率直接挂钩，进一步夯实了 MLF 在政策利率中的主导地位。

二、政策利率变动与主要资产价格走势

2015 年之前，我们用一年期存款基准利率表示中央银行政策利率，自 2016年起，我们用一年期 MLF 利率表示中央银行政策利率，以此来考察我国政策利率调整对资产价格走势的影响。

1. 政策利率调整与国债到期收益率变动呈正相关

如图 7-2 所示，政策利率下调，一年期国债到期收益率也同步下调；政策利率上升，一年期国债到期收益率也随之上升。与此同时，政策利率下调，用 10 年期和 1 年期国债收益率利差表示的长短期国债利差上升，国债收益率曲线陡峭化；政策利率上升，长短期国债利差下降，国债收益率曲线平坦化。这说明，我国政策利率向债券市场的传导较为顺畅。宽松的货币政策能显著刺激投资者的通货膨胀预期，导致国债收益率曲线变陡峭。

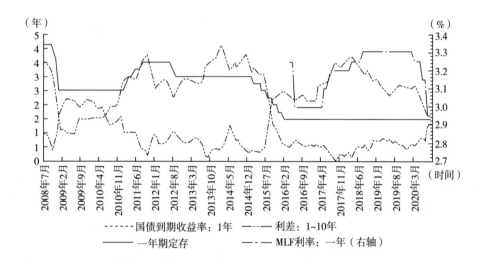

图 7-2　政策利率与国债到期收益率及利差

资料来源：Wind 数据库。

2. 政策利率调整对股市的影响不明显

无论是从一年期定期存款利率还是一年期 MLF 利率来看，我国的政策利率调整与股票价格波动均未体现出明显的负相关关系（见图 7-3、图 7-4、表 7-1）。例如，2006 年 8 月至 2007 年 12 月升息期间，上证综合指数一路高涨，从 2006 年 8 月的 1607 点（月平均值，下同）上升到 2007 年 12 月的 5069.6 点。2008 年 10 月，为应对全球金融危机的不利冲击，央行开启降息周期，一年期定存利率在两个月内四次下调，上证综合指数依旧延续 2008 年初以来的狂跌模式，一路下跌至 2008 年 12 月的 1950.9 点。2010 年 10 月至 2011 年 7 月，央行启动新一轮升息周期，同期内，上证综合指数从 2010 年 12 月的 2942.5 震荡下跌至 2011 年 7 月的 2773.6，此轮股市下跌行情一直延续至 2014 年年中。2014 年 11 月，央行开启新一轮降息周期，经过六次降息，2015 年 10 月，一年期定期存款利率下调至 1.5% 并延续至今。2014 年 12 月至 2015 年 10 月，上证综合指数经历了一轮先暴涨再暴跌的行情，上证综合指数从 2014 年 11 月的 2493 点上升至 2015 年 6 月的 4798 点，随后一路下跌至 2016 年 2 月的 2803 点。从新的 MLF 利率调整与上证综合指数变动趋势来看，两者之间的关系也不明显。2017 年 1 月底，MLF 利率从此前的 3% 逐渐上升，经过四次加息，上升至 2018 年 4 月的 3.3%，在此期间，上证综合指数从 3136 点震荡上升至 2018 年 1 月的 3457 点后逐渐下降。2019 年 11 月起，MLF 利率经历三次下调，调整至当前的 2.95%，与此同时，上证综合指数整体呈现波动态势。

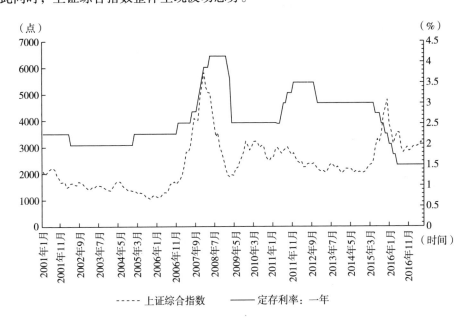

图 7-3 一年期定期存款利率与上证综合指数 （2001~2016 年）

资料来源：Wind 数据库。

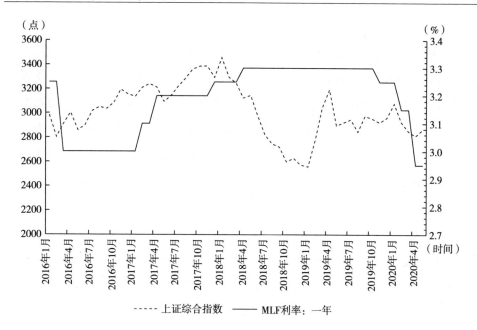

图 7-4　一年期 MLF 利率与上证综合指数（2016~2020 年）

资料来源：Wind 数据库。

表 7-1　利率调整与股票价格波动

时期	利率调整	股价变动
2006 年 8 月~2007 年 12 月	升息周期	上升
2008 年 10 月~2008 年 12 月	降息周期	下降
2010 年 10 月~2011 年 7 月	升息周期	下降
2014 年 11 月~2015 年 10 月	降息周期	先升后降
2017 年 1 月~2017 年 4 月	升息周期	先升后降
2019 年 11 月至今	降息周期	震荡波动

资料来源：笔者根据 Wind 数据整理。

3. 房地产价格波动与政策利率调整呈显著负相关

由于房屋供给存在时滞，房屋需求对政策利率调整更敏感。总体来讲，我国政策利率调整要领先于房屋价格变动，除了 2006 年 8 月至 2007 年 12 月那轮加息周期，房价调整滞后期较长，其余政策利率调整周期内，房价调整都比较及时，滞后期均在半年以内。例如，2008 年 10 月起，为应对全球金融危机，中央银行开启降息周期，从 2009 年 1 月开始，70 个大中城市新建住宅价格环比增速触底反弹，环比增速从 2008 年 12 月的 -0.7% 攀升至 2019 年 12 月的 1.9%。2010 年 12 月，中央银行收紧货币政策，2011 年 2 月起，70 个大中城市新建住宅价格环比增速逐渐下降，从 2011 年 1 月的 0.8% 下降至 2012 年 3 月的 -0.3%。2014 年 11 月底，中央银行开启降息周期，同期内，70 个大中城市新建住宅价格环比增速触底反弹，快速回升，从 2014 年 8 月的 -1.1% 上升至 2016 年 9 月的 1.8%。2017 年 1 月，中央银行上调 MLF 利率，2017 年 7 月开始，70 个大中城市新建住宅价格环比增速开始下降。2019 年 11 月，中央银行下调 MLF 利率，2020 年 3 月开始，70 个大中城市新建住宅价格环比增速开始回升，如图 7-5 和表 7-2 所示。

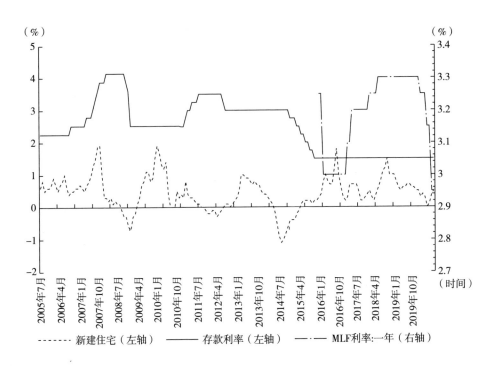

图 7-5 政策利率与 70 个大中城市新建价格环比增速

资料来源：Wind 数据库。

表 7-2　利率调整与房价增速调整

	利率调整	房价增速 变动趋势	房价调整滞 后期
2006 年 8 月~2007 年 12 月	升息周期	2007 年 11 月下降	滞后 15 个月
2008 年 10 月~2008 年 12 月	降息周期	2009 年 1 月上升	滞后 3 个月
2010 年 10 月~2011 年 7 月	升息周期	2011 年 2 月下降	滞后 2 个月
2014 年 11 月~2015 年 10 月	降息周期	2014 年 9 月跌幅下降	领先 2 个月
2017 年 1 月~2017 年 4 月	升息周期	2017 年 7 月下降	滞后 6 个月
2019 年 11 月至今	降息周期	2020 年 3 月上升	滞后 5 个月

资料来源：笔者根据 Wind 数据整理。

第三节　利率、房价和股价的动态关系：基于 VAR 模型的研究

一、模型简介及变量选取

向量自回归（VAR）模型通常用于相关时间序列系统的预测和随机扰动对变量系统的动态影响。模型避开了结构建模方法中需要对系统中每个内生变量关于所有内生变量滞后值函数的建模问题。VAR 模型由 Sims 在 1980 年提出。本节将利用 VAR 模型来分析利率、股票价格和房地产价格三个变量之间的因果关系，并进行脉冲响应分析和方差分解。

本章所用时间序列区间为 2005 年 7 月至 2020 年 5 月。由于政策利率的调整频率较低，在计量分析中我们用 7 天银行间市场拆借利率作为利率政策的代理变量（BR），用上证综合指数表示股票价格（SP），用 70 个大中城市新建住宅价格环比增速表示房地产价格（HPR），同时还引入经济增速（GDPG）和消费者

价格指数（CPI）的滞后一期值作为外生变量，利用 Wind 数据库中的频数转换将 GDP 季度增速转换成月度数据，受疫情影响，将 2020 年的经济增速数据剔除。

三元向量自回归系统模型如下：

$$\begin{cases} SP_t = \alpha_{10} + \alpha_{11}SP_{t-1} + \cdots \alpha_{1p}SP_{t-p} + \beta_{11}HPR_{t-1} + \cdots + \beta_{1p}HPR_{t-p} + \\ \qquad \gamma_{11}BR_{t-1} + \cdots \gamma_{11}BR_{t-p} + GDPG_{t-1} + CPI_{t-1} + \varepsilon_{1t} \\ HPR_t = \alpha_{20} + \alpha_{21}SP_{t-1} + \cdots \alpha_{2p}SP_{t-p} + \beta_{21}HPR_{t-1} + \cdots + \beta_{2p}HPR_{t-p}x + \\ \qquad \gamma_{11}BR_{t-1} + \cdots \gamma_{11}BR_{t-p} + GDPG_{t-1} + CPI_{t-1} + \varepsilon_{2t} \\ BR_t = \alpha_{30} + \alpha_{31}SP_{t-1} + \cdots \alpha_{3p}SP_{t-p} + \beta_{31}HPR_{t-1} + \cdots + \beta_{3p}HPR_{t-p} + \\ \qquad \gamma_{31}BR_{t-1} + \cdots \gamma_{31}BR_{t-p} + GDPG_{t-1} + CPI_{t-1} + \varepsilon_{3t} \end{cases} \qquad (7-3)$$

其中，ε_{1t}、ε_{2t}、ε_{3t} 均为白噪声过程。

二、数据描述及单位根检验

利用 ADF 方法检验利率、股价、房价、物价指数和经济增速的平稳性。进行单位根检验的时候，所有变量都只包含截距项。结果显示，利率、股价、房价、物价指数均为平稳序列，经济增速为一阶平稳序列，对经济增速进行一阶差分处理，如表 7-3、表 7-4 所示。

表 7-3 模型变量描述性统计分析

变量	均值	中位值	标准差	偏度	峰度	JB 值
BR	2.972	3.16	0.972	0.427	4.196	16.094***
HPR	0.439	0.40	0.533	0.082	3.738	4.26
SP	2773.4	2827.1	815.97	0.723	4.795	39.62***
GDPG	8.72	7.7	2.895	−0.637	7.620	169.35***
CPI	2.673	2.25	1.938	0.736	4.020	23.93***

注：*、**、***分别表示10%、5%和1%的显著水平，下同。

表7-4　变量的单位根检验

变量	BR	SP	HPR	CPI	GDPG
水平值	-4.55***	-4.23***	-4.1***	-2.79*	-2.11
一阶差分					-4.49***

三、格兰杰因果检验

基于以下思想，格兰杰因果检验如果 X 是 Y 的因，但 Y 不是 X 的因，则 X 的过去值可以帮助预测 Y 的未来值，但 Y 的过去值却不能帮助预测 X 的未来值。格兰杰因果关系并非真正意义上的因果关系，只是一种动态相关关系，表明的是一个变量对另一个变量具有预测能力，可以认为是因果关系的必要条件。我们分别用滞后1期、2期、4期和8期对利率、房价和股价之间的格兰杰因果关系进行检验，结果如表7-5所示。

表7-5　利率、股价、房价格兰杰因果关系检验

因果关系	滞后期	F 值及显著水平	因果关系	滞后期	F 值及显著水平
BR--SP	1 2 4 8	0.1063 0.549 0.857 2.46**	SP--BR	1 2 4 8	0.564 0.284 0.236 0.207
BR--HPR	1 2 4 8	7.489*** 3.73** 2.066* 1.311	HPR--BR	1 2 4 8	0.005 0.296 0.773 1.433
SP--HPR	1 2 4 8	0.035 1.455 1.178 2.336**	HPR--SP	1 2 4 8	0.254 0.514 1.035 1.329

利率对股价的影响较为滞后。格兰杰因果检验显示，滞后8期的利率是股价的格兰杰原因；股价对利率的因果关系不显著。房价增速对利率调整的反映比较

敏感。格兰杰因果检验显示，利率对房价增速的影响很显著，滞后 1 期、2 期、4 期的利率均是房价增速的格兰杰原因；房价增速对利率的因果关系不显著，滞后 1 期、2 期、4 期、8 期的房价均不是利率的格兰杰原因。房价和股价之间的因果关系大部分不显著，只有滞后 8 期的股价是房价的格兰杰原因。

四、脉冲响应分析

由于 VAR 模型包含很多参数，而且这些参数的经济意义很难解释，因此一般研究将注意力集中于脉冲响应函数。脉冲响应函数刻画的是在扰动项上加一个一次性的冲击对内生变量当前值和未来值所带来的影响。在 VAR 模型中，对第 i 个变量的冲击不仅直接影响第 i 个变量，并且通过 VAR 模型的动态（滞后）结构传导给所有的其他内生变量。

对 VAR 模型做平稳性检验。如图 7-6 所示，所有的特征值均在单位圆之内，故此 VAR 系统是稳定的。

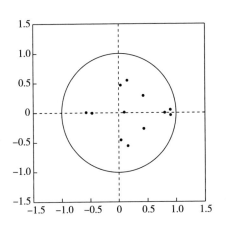

图 7-6　VAR 系统平稳性检验判别

从图 7-7 可以看出，在控制了经济增速和物价变动以后，当本期给利率一个正冲击后，股票价格前 3 期将下降，但降幅逐渐收窄，在第 4 期之后影响基本消失，说明利率的变动对股价的影响较短暂。当本期给房价增速一个正冲击以后，股票价格在前 2 期将显著上涨，此后影响逐渐减弱，在第 9 期消失。利率变动对股票价格的影响不明显，可能受两方面因素影响。一方面，我国存款余额不因利率降低而流失，金融市场制度不完善，储户理财意识弱，利率下降时，储户仍选择保持储蓄以应对未来经济的不确定性。另一方面，股票市场不成熟导致股价无法反映金融市场对股票供求的真实情况。

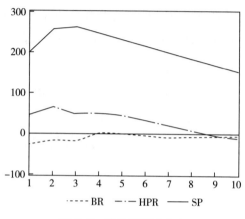

图 7-7　股价的脉冲响应

从图 7-8 可以看出，在控制了经济增速和物价变动以后，当本期给利率一个正冲击后，房价增速将在前两期略微上涨，此后逐渐下降，在第 7 期达到最低点后开始有稳定的变化，说明房价的调整滞后利率变动约一个季度。当本期给股价一个正冲击后，房价增速将在第 2 期出现显著上升，之后影响逐渐减小，但在第 5 期达到最低点后影响又会缓慢增加。利率上升，房屋按揭贷款利息支付增加，购房成本上升，居民购房需求降低。房屋供给在短期内存在刚性，需求减少，房价增速下滑。

从表 7-9 可以看出，股价冲击、房价冲击对利率的影响较小，这说明我国当前货币政策制定还较少考虑资产价格的影响。

五、方差分解

方差分解（Variance Decomposition）是通过分析每一个结构冲击对内生变量

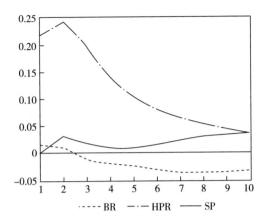

图 7-8　股价的脉冲响应

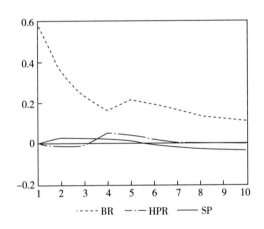

图 7-9　利率的脉冲响应

变化的贡献度，进一步评价不同结构冲击的重要性。方差分解给出对 VAR 模型中变量产生影响的每个随机扰动的相对重要信息。从图 7-10 可知，利率对股价的贡献程度微乎其微，甚至不如房价增速的贡献程度。从图 7-11 可知，利率对房价增速的贡献程度虽然小，但是逐渐增加，在第 6 期时大约达到 5%，股价对房价增速的影响略微弱于利率变动。从图 7-12 可知，股价和房价增速对利率的贡献度微乎其微。

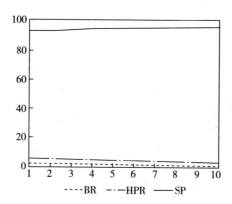

图 7-10　股价的方差分解

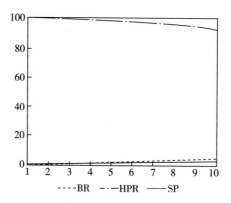

图 7-11　房价的方差分解

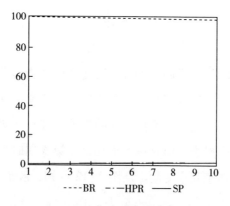

图 7-12　利率的方差分解

第四节 超低利率（负利率）政策
对我国资产价格的潜在影响

一、当前我国尚不具备实施超低利率的条件

从全球实践来看，实施超低利率（或负利率）的国家主要有两类：一类是为了刺激通胀，促进经济复苏，如欧盟、日本和美国等大型经济体；另一类主要是为了维持汇率稳定，避免本币过度升值损害本国经济，如瑞士、瑞典和丹麦等。当前，我国已经成为世界第二大经济体，并在不断推进汇率市场化改革、扩大汇率弹性，货币政策的制定和实施更注重内部均衡。当前，无论是从经济增速、物价水平还是人民币汇率来看，我国尚不具备实施超低利率的条件。首先，从经济增速来看，虽然自2011年以来我国经济增速就开始逐渐下滑，从2011年第一季度的10.2%逐渐下降至2019年第四季度的6%。2020年第一季度，受新冠肺炎疫情影响，我国GDP同比增速下跌至-6.8%，但在疫情得到基本控制后，经济便迅速恢复活力，第二季度GDP同比增速回升至3.2%，第三、第四季度GDP增速有望恢复至6%。6%的经济增速，在世界主要经济体中仍名列前茅。其次，从物价水平来看，2018年第四季度，GDP平减指数下降到2%以下至1.6%，随后下降至0.91%、1.57%和0.41%，通缩的趋势明显。但是，从2019年第四季度开始，GDP平减指数快速回升至3.42%，2020年第一季度和第二季度分别为3.81%和2.04%，可见当前我国物价整体问题并不存在通缩风险（见图7-13）。从人民币汇率走势来看，从2018年4月起，人民币对美元震荡贬值，美元对人民币汇率从6.3上升到2020年6月的7.1，人民币对美元贬值了11%。同期内，人民币名义有效汇率在113~122震荡波动，实际有效汇率在119~126震荡波动，2020年6月，人民币名义有效汇率和实际有效汇率分别较2018年4月下降4.4%和2.3%，当前人民币汇率并不存在显著的升值压力（见图7-14）。综上

所述，无论是从经济增速、物价水平还是人民币汇率走势来看，我国都尚不具备
实施超低利率的背景条件。

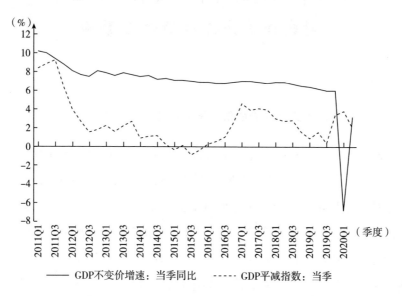

图 7-13　GDP 季度增速和 GDP 季度平减指数

资料来源：Wind 数据库。

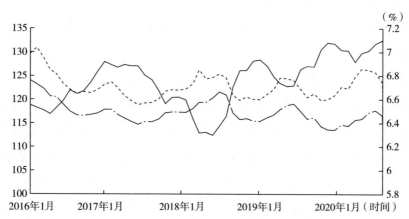

图 7-14　人民币汇率变动趋势

资料来源：Wind 数据库。

二、我国常规货币政策仍有空间

从我国几类政策利率来看，我国常规货币政策仍然具有空间。当前，我国一年期定期存款利率为1.5%，一年期MLF利率为2.95%，央行7天逆回购利率为2.2%，一年期LPR为3.85%。政策利率距离超低利率（或负利率）尚有一定的距离，短期内不太可能启动超低利率（或负利率）。

三、超低利率有利于降低政府偿债负担

从政策利率与国债到期收益率变动的关系来看，在超低利率背景下，国债到期收益率将下降到极低水平，长期国债到期收益率下降幅度更大。新发行政府债券收益率也将显著下行，这有利于降低政府融资利息支出，减轻偿债负担，提高政府债务的可持续性。如表7-6所示，2007~2015年，欧元区公共债务占GDP的比重从72.8%攀升至108.4%，净利息支付占GDP的比重从2.5%下降至2.2%，德国、法国、意大利和比利时的利息支出占GDP比重均不同程度下降。2008~2018年，美国国债余额占GDP的比重从68%上升至105%，但同期内，联邦财政利息支出占GDP的比重大致维持在2.4%~2.7%（见图7-15）。

表7-6　主要国家政府债务与利息支付　　　　　　　单位:%

经济体	政府债务/GDP		政府净利息支出/GDP	
	2007年	2015年	2007年	2015年
欧元区	72.8	108.4	2.5	2.2
德国	63.9	75.8	2.4	1.1
法国	75.6	117.4	2.5	1.9
意大利	111.8	149.2	4.5	4.4
比利时	93.6	119.5	3.5	2.6
美国	64.3	110.1	2.6	2.6
日本	162.4	233.8	0.0	1.1
英国	45.3	97.6	1.7	2.6
加拿大	70.4	94.3	0.6	0.2

资料来源：HervéHannoun（2015）。

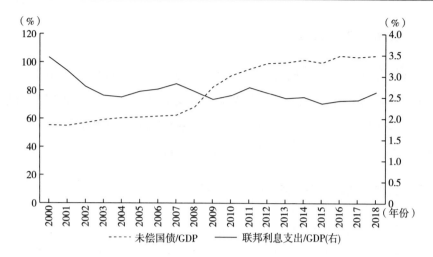

图 7-15 美国联邦政府债务和利息支出

资料来源：Wind 数据库。

四、超低利率可能加剧股票市场波动

当前，我国企业公开发行股票仍旧以核准制为主，企业上市门槛高，上市公司和非上市公司之间横亘着巨大的鸿沟。同时，退市制度不健全，上市公司和非上市公司之间主要是单向流动，企业一旦上市就如"鲤鱼跃龙门"。二元市场结构使上市公司普遍存在估值过高的情况，同时，我国股票市场对中小投资者权益的保护不足，导致创始股东和实控人违规的现象屡屡发生。

我国股票二级市场以散户为主，机构投资者发育不充分，缺乏长期资金，中小投资者抗风险能力弱，往往以短线投资为主，这加剧了股票市场的波动性。历史数据显示，政策利率调整与我国股票价格变动的相关性不明确，在当前宏观背景下实施超低利率，必将刺激国内通货膨胀预期，由于银行存款和理财产品的收益有限，居民对股票等风险资产的需求会显著增加，更多资金会流入股市，推高股票价格。但由于我国股票市场发育不健全，股票上涨时一些潜在风险很容易暴露出来，一旦监管趋严、市场形势发生变化，股票市场就会应声下跌，前期涨得越高、后期跌得就越惨，股灾、短融的教训仍旧历历在目。

五、超低利率政策可能催生房地产市场泡沫

超低利率时期，土地供应等非金融约束会取代资金约束成为影响房屋供应的最主要因素，利率对房屋供需的影响主要集中在需求刺激。我国所处的发展阶段及房地产市场自身特征则可能显著放大超低利率对房地产价格的影响，催生房地产市场泡沫。

一是土地供应与人口流动空间错配加剧大中城市房价上涨。2019 年，我国常住人口城镇化率突破 60% 至 60.6%，但户籍人口城镇化率仅为 44.38%，人户分离人口达 2.8 亿。当前，我国城镇化发展已经进入量质并行的阶段，人口向都市圈，特别是都市圈核心城市集聚的趋势明显。居民对大中城市房屋需求持续旺盛，但是土地供给与人口流动空间错配却导致大中城市房屋供应不足、房价快速上涨。我国城市土地归国家所有，土地供应由政府控制，以招拍挂的方式向市场供应。我国人口流入量较大的一线和部分二线城市土地供给严格受控，而人口增长明显放缓甚至人口净流出的三、四线城市土地供给量较大，这导致全国大中型城市的房屋供应量普遍不足。二是附着在房屋上的公共服务溢价过高助推中心城区房价上涨。我国目前公共服务的空间分布存在极大的不均衡，优质公共服务资源主要集中在大中城市和城市核心区域。公共服务不充分、不均衡导致我国很多基本公共服务的提供都与房屋和户籍挂钩，特别是教育资源，其获取机会与住房区位紧密连接在一起。业主和租户享受的基本公共服务待遇不可同日而语，租赁市场不完善，租户权益得不到保护，致使居民不得不购买住房。三是住房持有成本偏低增加房地产的投资品属性。住房经济学理论指出，住房持有成本是影响居民住房需求的本质变量。人们在做出购房决策时，会综合比较拥有住房的成本与未来房价增长带来的收益。我国尚没开征房产税，近年来房价持续上涨，房价"只涨不跌"的预期愈加强烈，加之其他金融投资渠道有限，使人们在众多投资品中偏好住房投资。只要金融市场或政府政策稍有松动，便会出现"全民炒房"的狂热。

目前支撑我国房价上涨的动力仍然很足，房价对政策利率调整的反应敏捷。实施超低利率政策，房屋按揭贷款利率下降，将显著刺激居民的购房需求。同

时，超低利率政策很可能刺激居民通货膨胀预期，居民为了资产保值增值，将银行存款、银行理财等固收类资产转移至房地产的可能性增大。超低利率极有可能在我国催生新一轮房地产泡沫，强化居民房价"只涨不跌"的预期，加大我国房地产调控的难度。

第五节　启示和政策建议

一、谨慎实施超低利率政策

综上所述，和实体经济相比，以股票、房地产为代表的资产投资回报率上升空间比较大，并且回报周期短，宽松货币政策释放的资金有更强烈倾向进入股票和房地产等资产市场，推高资产价格。当前，我国尚不具备实施超低利率（或负利率）的宏观环境，资本市场和不动产市场也还存在诸多扭曲，放大超低利率政策的资产价格效应，因此应谨慎启用超低利率政策，珍惜现有货币政策空间。

二、畅通货币政策传导机制

当前，一些提倡实施超低利率政策的出发点主要是我国实体经济融资成本依旧很高，企业的财务负担过重，利润空间被显著压缩，影响经济体活力。应当从畅通货币政策传导机制入手，降低实体经济融资成本。首先，扩大国债和地方政府债券的发行规模，减少政府基础设施投资对银行贷款和影子银行资金的依赖程度，降低政府偿债负担的同时，增加商业银行的投资标的。其次，加快推进利率市场化改革，不断完善贷款报价利率机制及运用，有效实现中央银行政策向贷款利率传导，提高货币政策效率，推动企业融资成本下行。最后，大力发展中小型金融机构和民营银行，加大银行业竞争，增加服务于中小微企业的金融产品供给，降低中小微企业融资成本。

三、加快资本市场和不动产市场改革

当前，我国资本市场和不动产市场依然存在诸多扭曲，资产市场的风险缓冲能力较弱。应加快资本市场和不动产市场改革，增强资产市场抗风险能力。资本市场方面，一是完善股票市场公开发行制度和上市企业退市制度，增加上市企业股票供给，促进上市企业和非上市企业双向流动，大幅压缩壳资源的价值，减少价格扭曲。二是完善保险公司、养老基金等机构投资者入市规则，培育壮大机构投资者，增加股票市场长期资金供给。三是加大中小投资者权益保护，提高资本市场违规操作成本。不动产市场方面，一是加大人口净流入城市土地供应，增加房屋供给，缓解房价上涨压力。二是加大基本公共服务供给、优化基本公共服务布局，降低附着在房屋上的基本公共服务溢价。三是增加购房者房屋持有成本，研究开征房产税、遗产税等税种，降低房屋的投资品属性。

参考文献

［1］李北鑫、刘晓星、陈羽南：《负利率与资产价格——影响机制及经验证据》，《世界经济文汇》2020 年第 2 期。

［2］李芳芳、张定法、郭涵：《低利率政策是资产价格泡沫的元凶吗？——基于中国股票市场的再检验》，《宏观经济研究》2019 年第 3 期。

［3］梁爽：《中国货币政策与资产价格之间的关系研究》，《经济科学》2010 年第 6 期。

［4］米弗雷德里克·S. 米什金：《货币银行学》（第七版），中国人民大学出版社 2010 年版。

［5］乔海曙、陈志强：《负利率对房地产市场扩张效应研究》，《统计研究》2009 年 6 月。

［6］任荣荣：《房地产长效机制建设需从供给侧发力》，《中国经贸导刊》2017 年 10 月下。

［7］王广宇：《销金时代与货币狂潮》，中信出版集团 2020 年版。

［8］王华庆、李良松：《论基准利率和市场利率的关系》，《中国金融》2020

年第 13 期。

　　［9］伍聪：《"负利率"问题研究的演进与新进展》，《经济理论与经济管理》2012 年第 9 期。

　　［10］徐奇渊：《负利率政策：原因、效果、不对称冲击和潜在风险》，《国际经济评论》2016 年第 4 期。

　　［11］曾华珑、曾铮、吴娟：《货币政策对资产价格的冲击——基于我国利率、房价和股价互动关系的经验研究》，《金融发展研究》2008 年第 10 期。

　　［12］Adam Klaus, Juan Pablo Nicolini, Albert Marcet, *Stock Market Volatility and Learning*, CEPR Discussion Paper No. DP6518, 2008.

　　［13］Ben S. Bernanke, "Monetary Policy in a Data-rich Environment", *Journal of Monetary Economics*, Vol. 50, Issue 3, 2003, pp. 525-546.

　　［14］Burgonio E. Maricel, "Negative Interest Rates Unlikely to Persist", *Manila Times*, March 26, 2009.

　　［15］Dongchul Cho, "Mnonetary Policy Under Very low Inflation in the Pacific Rim", May 20, 2012, http: // www. nber. org/ chapters/c10147.

　　［16］HervéHannoun, *Ultra-low or Negative Interest Rates*: *What they Mean for Financial Stability and Growth*, Remarks at the Eurofi High-Level SeminarBank for International Settlements, 22 April 2015.

　　［17］Jing Cynthia Wu, Fan Dora Xia, *Negative Interest Rate Policy and the Yield Curve*, NBER Working Paper No. 25180, 2018.

　　［18］Michael Horn, *The Fisher Effect and Analyse its Role in Linking the Nominal and Real Rate of Interest*, EC 247 Term Paper, Department of Economics University of Essex, 2008.

　　［19］Raghuram G. Rajian, *Has Finance Made the World Riskier*? European Financial Management, 2006.

　　［20］Robert J. Shiller, *Low Interest Rates and High Asset Prices*: *An Interpretation in Terms of Changing Popular Economic Models*, NBER Working Paper No. 13558, 2007.

［21］ Roberto Rigobon, Brian Sack, *The Impact of Monetary Policy on Asset Prices*, NBER Working Paper 8794, 2002.

［22］ White H. , "Can Mutual Fund 'Stars' Really Pick Stocks?", *Journal of Finance*, Vol. 61, 2006, pp. 2551-2595.

附录 对有关金融机构负利率观点的
调研报告

金融机构作为金融市场的直接参与者，对利率政策最为敏感，也是受利率政策影响最大的实体。为分析负利率可能对我国金融市场和经济带来的影响，自2021年6月以来，通过召开视频会议等方式，调研了中国建设银行、招商证券、方正证券、工银瑞信基金、北京金融衍生品研究院等金融机构及相关专家对欧洲、日本负利率的看法和观点，以及对我国实施负利率的必要性和适宜性。以下内容是综合此次调研的观点梳理。

一、全球负利率有深化趋势

2009年7月，次贷危机后，瑞典为提振经济，刺激通胀，下调七天回购利率至0.25%，导致隔夜存款利率下降至-0.25%，开启负利率时代。2014年6月，欧央行下调隔夜存款利率至-0.1%，由此全球负利率不断深化、蔓延，瑞士、日本、匈牙利等经济体相继进入负利率。

2019年8月，德国发行零票息30年期国债，年收益率为-0.11%，此举为全球首次有国家以负利率发行期限长达30年的国债。2020年5月20日，英国出售38亿英镑的三年期国债，收益率为-0.003%，这也是英国首次发行负收益率中期国债，投标倍数达2.15倍。截至2020年7月，全球负利率债券资产规模已达到18万亿美元，全球性负利率有进一步蔓延的趋势。彭博数据显示，全球负利率债规模屡创新高。负收益率债券已占彭博巴克莱全球综合指数的25.68%，14年来规模已经翻倍。负利率债的快速膨胀指向全球性的经济增长乏力、央行政策宽松以及市场避险情绪升温。

各经济体负利率深度不尽相同，日本程度较轻，瑞典则进入全面深化阶段。以超储利率、银行间利率、实体融资利率为标准划分三个层次，日本、欧洲负利率程度较轻，仅超储利率层面为负，瑞士负利率程度较深，政策利率全部为负。

长期来看，考虑到潜在经济增速下行、储蓄倾向上升、投资倾向下降令全球主要经济体中性利率下行趋势难以改变，这也是造成负利率不断深化的重要原因。一方面，人口增速放缓、技术进步放缓、全球摩擦加大将继续拖累潜在增速。根据联合国人居署预测全球人口增速将从 2019 年的 1.1%下降至 2030 年的 0.8%，并在 2050 年进一步放缓至 0.5%。另一方面，老龄化进程持续、人均寿命延长、收入差距扩大以及全球资本回报率下行等趋势，意味着全球储蓄率与投资率缺口将进一步扩大。根据联合国人居署预测 2030 年全球人均预期寿命将从当前的 65.5 年延长至 67.5 年。

二、应对经济衰退是欧洲和日本采取负利率的重要原因

从欧洲的情况来看，长期经济低迷是迫使欧洲央行采取负利率政策的重要原因。

一是欧债危机的爆发导致欧洲经济再次陷入低迷。次贷危机后，欧洲央行采用积极的货币财政政策提振经济。欧元区实际 GDP 增速于 2010 年转正，欧元区政府杠杆率快速上涨，加之欧元区内部各国不均衡的财政实力与统一的货币政策相矛盾，导致各国财政积极性不尽相同，多因素共同作用下催生了欧债危机，欧洲经济再次陷入低迷，增速转负。

二是传统货币政策空间为零，创新货币政策效果不佳，财政政策面临掣肘。为对冲欧债危机影响，欧央行于 2012 年 7 月将基准利率降至 0，其间配合开展两轮长期再融资操作（LTRO）及直接货币交易（OMT）操作投放流动性，但效果不佳，负利率和量化宽松成为传统货币财政政策工具之外的必然选择。

从日本的情况看，日本两次采取零利率都是应对经济泡沫破裂和经济萧条。

一是房地产泡沫破裂导致日本经济增长低迷。1992 年日本房地产泡沫破裂

后，日本经济陷入了近30年的长期低迷，增长中枢下降至0~1%，并在大的危机来临后出现严重通缩风险。

二是"安倍经济学"失效，负利率政策开始酝酿。2012年底安倍连任成功，打出了"安倍经济学"的三支箭——无限制的量化宽松、大规模的公共投资、刺激民间投资。新政实施一度刺激了通胀指数，2013年明显复苏。然而好景不长，在全球范围内的经济下行背景下，2014年后经济再次回落，2016年1月日本正式进入负利率（见附图1）。

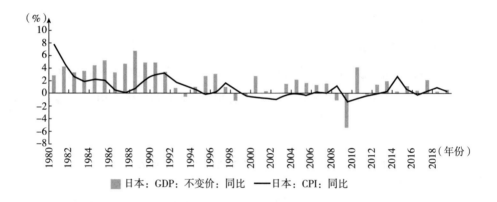

附图1 日本GDP增速20世纪90年代后第三次下台阶，增长中枢由4%到1%

资料来源：Wind。

三、负利率短期效果微弱，中长期效果不佳

从经济增速来看，欧元区及日本的实际GDP增速在开始实施负利率的次年有所回升，但长期来看，负利率对经济增速没有明显的拉动作用，后续年份中GDP增速有所明显回落，同时通胀持续不及预期（见附图2）。

欧、日两大经济体信贷增速在2017年第一季度同时见顶回落，核心变量还是经济周期。负利率的政策初衷为刺激信贷，创造需求，但从欧、日两大经济体来看，日本2016年1月进入负利率，欧洲央行2014年6月进入负利率，两者在2017年第一季度信贷同时见顶回落。显示驱动信贷的核心变量仍是经济周期，而非货币政策。

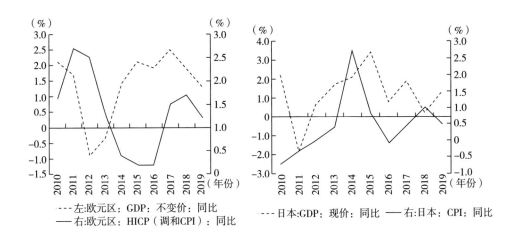

--- 左:欧元区:GDP:不变价:同比
—— 右:欧元区:HICP（调和CPI）:同比

--- 日本:GDP:现价:同比　—— 右:日本:CPI:同比

附图2　欧元区2014年后经济持续修复（左图）

日本经济2017年短暂回升，此后转跌（右图）

资料来源：Wind。

负利率还容易滋生一系列的风险，如催生资产泡沫、加剧贫富分化、银行业坏账率显著提升、银行业抵御风险能力显著降低等。

四、欧、日等经济体负利率对我国直接影响有限

欧元区及日本等经济体实行负利率政策，对我国的直接影响较为有限，更多的是通过汇率、资本流动等间接渠道影响中国。汇率层面：欧、日进入负利率后，均伴随着汇率的大幅波动，显著加剧中国居民、企业和金融机构等实体的汇率风险和资产配置的难度。资本流动：欧元区、日本相继实行负利率后，海外融资成本显著降低，这有利于中国企业赴欧日发债筹资等活动。

资金开始从欧洲、日本的债券市场流向股票等高收益资产。尤其在美联储加息后，美国国债等资产的吸引力显著增强，全球资本加速向美国流动，不仅欧元区、日本的银行大量购买美债、美股，新兴市场更是遭遇大幅资本流出。根据国际金融协会（IIF）的测算，2015年新兴市场私人部门的资本流出规模达到8620

亿美元，而中国资本流出（扣除对外直接投资，ODI）规模达到 2040 亿美元。2015 年，中国外汇储备从 3.8 万亿美元下降至 3.3 万亿美元，剔除汇率、价格等非交易价值变动影响，外汇储备减少了 3423 亿美元。

欧、日实行负利率后导致中国企业在外融资成本降低，配合当前中国企业"走出去"的大势所趋，中国企业对外融资步伐加快，有助于进一步打开国际市场，加速海外布局。2015 年中国对外直接投资规模已达到 1180 亿美元，接近外商在华直接投资规模（1262.7 亿美元）。

五、我国不具备负利率的必要性和适宜性

当前我国没有采用负利率的必要性，负利率也不适合中国国情。一是经济增长仍然相对强劲，尽管负利率时代渐行渐近，但我国经济发展势头仍然良好，未来 5~10 年的潜在增长中枢仍在 4%~6%，中长期需求仍在，无须过度刺激。二是传统货币政策尚有空间。自 2019 年以来，我国更加珍惜传统货币政策空间，作为当前少数常态货币政策的经济体，我国为难以预知的风险预留了充足的政策空间。

如果实施了负利率，可能对我国经济造成风险。一是负利率会加剧我国资产泡沫，影响中国经济增长质量，潜藏金融风险隐患。二是易导致我国普通民众储蓄财富缩水，加剧贫富分化，影响社会稳定。三是产能过剩产业、"僵尸企业"将重获新生，对我国产业结构调整、供给侧结构性改革会造成负面影响。四是损害金融体系特别是商业银行体系的稳定性和防风险能力、影响市场定价的准确性，扭曲实体经济。